Practise German

Fairytale-Edition

by Dominik Wexenberger

Practise-book for German learners

Level B1

Practise German while reading

ISBN: 9781718014794

Imprint: Independently published

All rights reserved

Inhalt

Introduction 3
How to use this book 5
Rotkäppchen 6
    Teil 1 6
    Teil 2 10
    Teil 3 15
    Teil 4 21
Hänsel und Gretel 26
    Teil 1 26
    Teil 2 31
    Teil 3 35
    Teil 4 40
Der Fischer und seine Frau 45
    Teil 1 45
    Teil 2 50
    Teil 3 55
Coyote stellt die Sterne auf 60
    Teil 1 60
    Teil 2 65
    Teil 3 70
Der Jaguar und der Regen 75
    Teil 1 75
    Teil 2 80
Rumpelstilzchen 85
    Teil 1 85
    Teil 2 92
    Teil 3 99
Frau Holle 105
    Teil 1 105
    Teil 2 110
    Teil 3 115
    Teil 4 120
    Teil 5 125

Introduction

First of all thank you for your interest in this book. I hope it will help you a lot and bring you closer to reach your goals regarding the German language. I also would love to read about your experiences with my books, so I would like to invite you to share them with me. Feel free to leave a review on Amazon or go to our website www.idiomata.org and send me an email or find my Facebook-page idiomata-german and drop me a comment there. In the end I'm writing these books for you who wants to learn this beautiful language and every comment is welcome as it helps me to better understand your needs and problems with learning it.

I research in the areas of psychology, linguistics and cognition and I'm interested in understanding how the mind works and processes information, specifically but not only in relation to language. On the other side I'm a language teacher and I teach students based on a methodology that is based on my research and my insights in psycho-linguistics and cognition. Over the years my methodology got ever more successful and my schedule got fuller and fuller. People keep coming and coming and I started to collaborate with two other teachers to meet the demand. It is still not enough to teach everyone who wants to take classes and we are looking into possibilities of expansion with idiomata.org and other institutions to offer our services to even more people.

One solution I have found for the moment is to write the book you are currently holding in your hands. I honestly believe that almost everything what is done to teach languages today in language schools, universities and similar institutions is wrong and I want to change it. There are up to 80% of students dropping out of their language-courses before even reaching an A2-level, in many cases never coming back and giving up the study of foreign languages entirely. The number of people I have met in the past years who think they are too stupid to learn languages is shocking and outrageous. It's a shame because I believe that is a beautiful experience for the human mind to learn and understand a second, a third, a fourth language and feel what it does to a person and the human interaction it makes possible. And it is actually no problem to learn a language and everyone can do it. For many people even speaking a second language is a dream they never achieve to fulfill although they actually could fulfill it quite easily with a better methodology. My dream and my goal is to change the perspective on language teaching and make it possible for everyone to learn not one but several languages in a few years time if it pleases them.

Language is experimental. It has to be used, it has to be spoken and heard to be language. I found over the years that the most effective way of teaching and learning a language is pure interaction, talking, asking, answering to questions, telling stories and so on. In my opinion a student should and needs to build about 10 000 phrases and more to get anywhere near an interesting level of fluency. Nevertheless many students in language courses barely have spoken a 1000 phrases after the first two years.

I have met students who have told me that they went to so called integration-courses and took intensive-classes and accumulated thus around 500 hours of classes – just to be stuck in an eternal A2-level not being able to do anything with it. Their problem is and always will be the lack of application.

The following book is meant to help you with the application. I tried to mimic the mechanics of my classes and put it into the exercises I have crafted for this book. In my classes I work from the very first minute on with pure interaction, making the students talk as much as they are able to. Of course it is impossible to give them a topic and tell them to talk freely about it at the beginning. But what I have found that is absolutely possible is

to work with questions and answers and create thus as much interaction as possible
to prepare a text through the aforementioned Q&A-routine so that the student can talk about the text freely
to create free applications based on the aforementioned routines a) and b)

This book provides the opportunity to students to study on their own or with a partner or even in a class context with a teacher to use the suggested routines and therefore make use of the benefits that this methodology provides and reach the B1-level in German with more ease.

I hope that you find this book most useful,

Dominik Wexenberger

How to use this book

1. Read through the text, check all the vocabulary and make sure that you understand the text completely.
2. Go through the questions one by one and answer them with the help of the text. You are allowed to read the text during this step. Repeat if you feel that you need it.
3. Now cover the text and go through the questions one by one again and answer them without the help of the text. It is not necessary that your answers are 100% grammatically accurate. Focus on application and transmitting the information rather than on perfect grammar.
4. Read the text again.
5. Turn on the Kindle's text-to-speech function and listen to the text. Don't focus on single words. Focus on overall meaning.
6. Now try to tell the whole text. Try to remember as much information as you can. There is no need for completeness. Try to produce as much as possible. Repeat the whole routine if necessary.
7. Try to create your own short story about the topic if you can (optional).

If you have the possibility to study with another person, one can be the teacher asking the question and one can be the student giving the answers. As the book provides you with both the questions and the answers there is no need for an advanced level in German to do the exercises together.

If you are a teacher and want to use the book, I would like to suggest that you divide your students into groups of two and let them do the exercises together. Just be available for questions and make sure that they interact with each other. In fact I have written this book partially with an application in a bigger class-context in mind.

Rotkäppchen

Teil 1

Es war einmal ein kleines Mädchen, das immer einen roten Umhang trug. Alle Menschen im Dorf nannten es deshalb Rotkäppchen. Eines Tages kam es nach Hause und seine Mutter hatte gerade einen leckeren Kuchen fertig gebacken. Rotkäppchen sollte den Kuchen, ein paar Früchte und eine Flasche Wein zu ihrer Großmutter bringen. Die Großmutter war schon ein paar Tage krank und die Mutter wollte ihr eine Freude machen. Sie packten alles in einen Korb und gerade als Rotkäppchen sich auf den Weg machen wollte, sagte die Mutter zu ihr: „Mein liebes Kind, bitte, geh nicht in den Wald! Bleib auf dem Weg! Folge immer dem Weg und verlasse ihn nicht! Der Wald ist gefährlich, auf dem Weg bist du sicher." Rotkäppchen versprach ihrer Mutter auf dem Weg zu bleiben. Dann lief es los. Es sang, es tanzte und war sehr fröhlich und glücklich, während es dem Weg folgte.

Fragen:

1. Ist der Hauptcharakter ein Baby, ein kleines Mädchen, eine junge Frau oder eine alte Frau?

2. Was trug das kleine Mädchen immer?

3. Wie nannten alle Menschen im Dorf das Mädchen wegen seinem roten Umhang?

4. Wohin kam das Mädchen eines Tages?

5. Was hatte seine Mutter gerade fertig gemacht?

6. Was sollte Rotkäppchen zu ihrer Großmutter bringen?

7. Wohin sollte Rotkäppchen den Kuchen bringen?

8. Was war das Problem der Großmutter? Ging es der Großmutter nicht gut?

9. Wie lange war die Großmutter schon krank?

10. Und was wollte ihr die Mutter machen?

11. Wohin packten sie alles? Wohin packten sie den Wein, den Kuchen und die Früchte?

12. Was wollte Rotkäppchen gerade machen, als die Mutter etwas zu ihm sagte?

13. Wohin sollte das Mädchen nicht gehen? Was sagte seine Mutter?

14. Wo soll das Mädchen bleiben?

15. Was soll das Mädchen immer mit dem Weg machen?

16. Was soll das Mädchen nicht mit dem Weg machen?

17. Wie ist der Wald?

18. Wo ist Rotkäppchen sicher?

19. Was versprach Rotkäppchen seiner Mutter?

20. Und nachdem es seiner Mutter das Versprechen gegeben hatte, was machte es?

21. Was machte das Mädchen, während es dem Weg folgte?

22. Wie fühlte Rotkäppchen sich?

23. Was machte das Mädchen, während es sang und tanzte?

Lösungen:

1. Ist der Hauptcharakter ein Baby, ein kleines Mädchen, eine junge Frau oder eine alte Frau?

Der Hauptcharakter ist ein kleines Mädchen.

2. Was trug das kleine Mädchen immer?

Das kleine Mädchen trug immer einen roten Umhang.

3. Wie nannten alle Menschen im Dorf das Mädchen wegen seinem roten Umhang?

Alle Menschen im Dorf nannten es deshalb Rotkäppchen.

4. Wohin kam das Mädchen eines Tages?

Eines Tages kam es nach Hause.

5. Was hatte seine Mutter gerade fertig gemacht?

Seine Mutter hatte gerade einen leckeren Kuchen fertig gebacken.

6. Was sollte Rotkäppchen zu ihrer Großmutter bringen?

Rotkäppchen sollte den Kuchen, ein paar Früchte und eine Flasche Wein zu ihrer Großmutter bringen.

7. Wohin sollte Rotkäppchen den Kuchen bringen?

Es sollte den Kuchen zu ihrer Großmutter bringen.

8. Was war das Problem der Großmutter? Ging es der Großmutter nicht gut?

Die Großmutter war krank.

9. Wie lange war die Großmutter schon krank?

Die Großmutter war schon ein paar Tage krank.

10. Und was wollte ihr die Mutter machen?

Die Mutter wollte ihr eine Freude machen.

11. Wohin packten sie alles? Wohin packten sie den Wein, den Kuchen und die Früchte?

Sie packten alles in einen Korb.

12. Was wollte Rotkäppchen gerade machen, als die Mutter etwas zu ihm sagte?

Rotkäppchen wollte sich gerade auf den Weg zur Großmutter machen.

13. Wohin sollte das Mädchen nicht gehen? Was sagte seine Mutter?

Das Mädchen soll nicht in den Wald gehen.

14. Wo soll das Mädchen bleiben?

Das Mädchen soll auf dem Weg bleiben.

15. Was soll das Mädchen immer mit dem Weg machen?

Das Mädchen soll immer dem Weg folgen.

16. Was soll das Mädchen nicht mit dem Weg machen?

Es soll den Weg nicht verlassen.

17. Wie ist der Wald?

Der Wald ist gefährlich.

18. Wo ist Rotkäppchen sicher?

Auf dem Weg ist Rotkäppchen sicher.

19. Was versprach Rotkäppchen seiner Mutter?

Rotkäppchen versprach seiner Mutter, auf dem Weg zu bleiben.

20. Und nachdem es seiner Mutter das Versprechen gegeben hatte, was machte es?

Es lief los.

21. Was machte das Mädchen, während es dem Weg folgte?

Es sang und es tanzte.

22. Wie fühlte Rotkäppchen sich?

Es war sehr fröhlich und glücklich.

23. Was machte das Mädchen, während es sang und tanzte?

Es folgte dem Weg.

Teil 2

Nach einer Weile kam es an eine Stelle, wo es viele schöne, bunte Blumen gab. Das Mädchen blieb stehen und dachte: „Ein paar schöne Blumen werden Großmutter sicherlich gefallen. Ich werde ein paar besonders Schöne für sie suchen!". Das Mädchen begann, Blumen in verschieden Farben zu suchen und es fand schnell viele bunte Blumen für ihre Großmutter. Aber plötzlich bemerkte es, dass es schon sehr weit vom Weg entfernt war und das kleine Mädchen bekam Angst. Es drehte sich um und wollte zurück zum Weg laufen. Auf dem Weg zurück traf es den Wolf, der in diesem Teil des Waldes lebte. „Was machst du hier im Wald, kleines Mädchen?", fragte der Wolf. „Ich sammle Blumen für meine Großmutter. Sie ist krank und ich bringe ihr Kuchen und Wein. Sie wohnt hinter dem Wald. Ich gehe jetzt besser zu ihr.", antwortete Rotkäppchen. „Dein Strauß ist wirklich sehr schön, mein liebes Kind! Aber in deinem Strauß fehlen blaue Blumen!", rief der Wolf. „Hast du nicht die wunderschönen blauen Blumen hinter den Bäumen dort gesehen? Such noch ein paar blaue Blumen. Sie werden deinen Strauß noch viel schöner machen!", sagte der Wolf. Das schien Rotkäppchen eine gute Idee und sie suchte noch ein bisschen weiter.

Fragen:

1. Wohin kam das Mädchen nach einer Weile?

2. Was gab es an dieser Stelle?

3. Was machte das Mädchen, als sie die Blumen sah?

4. Was dachte das Mädchen? Werden ein paar schöne Blumen der Großmutter gefallen?

5. Was wird Rotkäppchen für die Großmutter suchen?

6. Was begann das Mädchen?

7. Hatte das Mädchen Glück? Fand es schnell viele bunte Blumen?

8. Für wen suchte es die Blumen?

9. Aber was bemerkte es plötzlich? Von was hatte es sich sehr weit entfernt?

10. Was bekam das Mädchen, weil es schon sehr weit weg vom Weg war?

11. Wie reagierte das Mädchen?

12. Wohin wollte das Mädchen laufen?

13. Wen traf es auf dem Weg zurück?

14. Was machte der Wolf in diesem Teil des Waldes?

15. Was fragte der Wolf das kleine Mädchen?

16. Was war die Antwort von Rotkäppchen? Warum ist es im Wald?

17. Was ist das Problem der Großmutter?

18. Was bringt Rotkäppchen seiner Großmutter?

19. Wo wohnt die Großmutter?

20. Was macht das Mädchen jetzt besser?

21. Wie findet der Wolf den Strauß des kleinen Mädchens? Was sagte er?

22. Aber der Wolf denkt, dass etwas in seinem Strauß Strauß fehlt. Was fehlt in seinem Strauß?

23. Was hat Rotkäppchen scheinbar nicht gesehen?

24. Welche Idee hat der Wolf? Was ist sein Vorschlag?

25. Was werden die Blumen mit seinem Strauß machen?

26. Was denkt Rotkäppchen über die Idee des Wolfs? Scheint ihm das eine gute Idee?

27. Und was machte Rotkäppchen, weil es ihm eine gute Idee schien?

Lösungen:

1. Wohin kam das Mädchen nach einer Weile?

Das Mädchen kam an eine Stelle nach einer Weile.

2. Was gab es an dieser Stelle?

Es war eine Stelle, wo es viele schöne, bunte Blumen gab.

3. Was machte das Mädchen, als sie die Blumen sah?

Das Mädchen blieb stehen.

4. Was dachte das Mädchen? Werden ein paar schöne Blumen der Großmutter gefallen?

Ja, ein paar schöne Blumen werden der Großmutter sicherlich gefallen.

5. Was wird Rotkäppchen für die Großmutter suchen?

Es wird ein paar besonders Schöne/schöne Blumen für sie suchen.

6. Was begann das Mädchen?

Das Mädchen begann, Blumen in verschiedenen Farben zu suchen.

7. Hatte das Mädchen Glück? Fand es schnell viele bunte Blumen?

Ja, das Mädchen fand schnell viele bunte Blumen.

8. Für wen suchte es die Blumen?

Es suchte die Blumen für seine Großmutter.

9. Aber was bemerkte es plötzlich? Von was hatte es sich sehr weit entfernt?

Aber plötzlich bemerkte es, dass es schon sehr weit vom Weg entfernt war.

10. Was bekam das Mädchen, weil es schon sehr weit weg vom Weg war?

Es bekam Angst.

11. Wie reagierte das Mädchen?

Es drehte sich um.

12. Wohin wollte das Mädchen laufen?

Das Mädchen wollte zurück zum Weg laufen.

13. Wen traf es auf dem Weg zurück?

Es traf den Wolf.

14. Was machte der Wolf in diesem Teil des Waldes?

Der Wolf lebte in diesem Teil des Waldes.

15. Was fragte der Wolf das kleine Mädchen?

„Was machst du hier im Wald, kleines Mädchen?", fragte der Wolf.

16. Was war die Antwort von Rotkäppchen? Warum ist es im Wald?

„Ich sammle Blumen für meine Großmutter", antwortete es.

17. Was ist das Problem der Großmutter?

Sie ist krank.

18. Was bringt Rotkäppchen seiner Großmutter?

Es bringt ihr Kuchen und Wein.

19. Wo wohnt die Großmutter?

Sie wohnt hinter dem Wald.

20. Was macht das Mädchen jetzt besser?

Es geht jetzt besser zu ihr.

21. Wie findet der Wolf den Strauß des kleinen Mädchens? Was sagte er?

Er sagte: „Dein Strauß ist wirklich sehr schön, mein liebes Kind!"

22. Aber der Wolf denkt, dass etwas in seinem Strauß Strauß fehlt. Was fehlt in seinem Strauß?

In seinem Strauß fehlen blaue Blumen.

23. Was hat Rotkäppchen scheinbar nicht gesehen?

Es hat scheinbar nicht die wunderschönen, blauen Blumen hinter den Bäumen dort gesehen.

24. Welche Idee hat der Wolf? Was ist sein Vorschlag?

Rotkäppchen soll noch ein paar blaue Blumen sammeln.

25. Was werden die Blumen mit seinem Strauß machen?

Sie werden seinen Strauß noch viel schöner machen.

26. Was denkt Rotkäppchen über die Idee des Wolfs? Scheint ihm das eine gute Idee?

Ja, das schien Rotkäppchen eine gute Idee.

27. Und was machte Rotkäppchen, weil es ihm eine gute Idee schien?

Es suchte noch ein bisschen weiter.

Teil 3

In der Zwischenzeit lief der Wolf schnell zum Haus der Großmutter. Als er am Haus ankam, klopfte er an der Tür und die Großmutter antwortete: „Wer ist an der Tür? Ich bin krank und kann nicht aufstehen. Bist du es, Enkelin? Die Tür ist offen. Komm herein." Der Wolf trat in das Haus ein und rannte schnell zum Bett der Großmutter und verschlang sie. Danach zog er ihre Kleidung an, setzte sich ihre Brille auf die Nase und legte sich in ihr Bett. Rotkäppchen hatte in der Zwischenzeit ihre Suche beendet und war auch zum Haus seiner Großmutter gelaufen. Es klopfte an die Tür und der Wolf antwortete ihm: „Wer ist an der Tür? Ich bin krank und kann nicht aufstehen. Bist es du, Enkelin? Die Tür ist offen. Komm herein." Im Schlafzimmer der Großmutter war es sehr dunkel, weil alle Fenster geschlossen waren. Deshalb bemerkte es nicht, dass der Wolf im Bett seiner Großmutter lag. Es ging zum Bett und als es seine Großmutter sah, fragte es verwundert: „Großmutter, warum hast du so große Ohren?" Und der Wolf antwortete: „Damit ich dich besser hören kann!" „Und warum hast du so große Augen?" „Damit ich dich besser sehen kann!" „Warum hast du so große Hände?" „Damit ich dich besser packen kann!" „Aber Großmutter, warum hast du so einen großen Mund?" „Damit ich dich besser fressen kann!", sprach der Wolf, packte das Mädchen und verschlang es. Danach legte er sich wieder ins Bett. Weil er so viel gegessen hatte, fiel er in einen tiefen Schlaf. Er begann, laut zu schnarchen.

Fragen:

1. Wohin lief der Wolf schnell in der Zwischenzeit?

2. Zu wessen Haus lief der Wolf schnell?

3. Was machte der Wolf, als er am Haus der Großmutter ankam?

4. Was fragte die Großmutter?

5. Was sagte die Großmutter?

6. Was kann die Großmutter nicht machen, weil sie krank ist?

7. Wer dachte die Großmutter, ist an der Tür?

8. Ist die Tür offen oder geschlossen?

9. Ging der Wolf in das Haus hinein?

10. Wohin rannte er dann schnell?

11. Was machte er mit der Großmutter?

12. Was machte er danach mit ihrer Kleidung?

13. Was machte er mit ihrer Brille?

14. Wohin legte er sich dann?

15. Was hatte Rotkäppchen in der Zwischenzeit gemacht?

16. Wohin war es gelaufen?

17. Was machte das Mädchen an der Tür des Hauses?

18. Wer antwortete ihm?

19. Was fragte der Wolf?

20. Was sagte der Wolf, was sein Problem ist?

21. Was denkt der Wolf, wer an der Tür ist?

22. Ist die Tür offen oder geschlossen?

23. Wie war das Licht im Schlafzimmer der Großmutter? War es dunkel oder hell?

24. Warum war es sehr dunkel?

25. Was bemerkte Rotkäppchen deshalb nicht?

26. Wo lag der Wolf?

27. Wohin ging das Mädchen?

28. Was fragte das Mädchen verwundert über die Ohren der Großmutter?

29. Was antwortete der Wolf? Warum hatte er so große Ohren?

30. Was fragte das Mädchen verwundert über die Augen der Großmutter?

31. Was antwortete der Wolf? Warum hatte er so große Augen?

32. Was fragte das Mädchen verwundert über die Hände der Großmutter?

33. Was antwortete der Wolf? Warum hatte er so große Hände?

34. Was fragte das Mädchen verwundert über den Mund der Großmutter?

35. Was antwortete der Wolf? Warum hatte er so einen großen Mund?

36. Was machte er danach mit dem Mädchen?

37. Nachdem er das Mädchen verschlungen hatte, wohin legte der Wolf sich?

38. Warum fiel der Wolf in einen tiefen Schlaf?

39. Was begann er zu machen?

Lösungen:

1. Wohin lief der Wolf schnell in der Zwischenzeit?

Der Wolf lief schnell zum Haus der Großmutter.

2. Zu wessen Haus lief der Wolf schnell?

Zum Haus der Großmutter lief der Wolf schnell.

3. Was machte der Wolf, als er am Haus der Großmutter ankam?

Der Wolf klopfte an der Tür, als er am Haus der Großmutter ankam.

4. Was fragte die Großmutter?

Sie fragte, wer an der Tür ist.

5. Was sagte die Großmutter?

Sie sagte, dass sie krank ist.

6. Was kann die Großmutter nicht machen, weil sie krank ist?

Sie kann nicht aufstehen.

7. Wer dachte die Großmutter, ist an der Tür?

Sie dachte, dass es die Enkelin ist.

8. Ist die Tür offen oder geschlossen?

Die Tür ist offen.

9. Ging der Wolf in das Haus hinein?

Ja, der Wolf trat in das Haus ein.

10. Wohin rannte er dann schnell?

Er rannte schnell zum Bett der Großmutter.

11. Was machte er mit der Großmutter?

Er verschlang sie.

12. Was machte er danach mit ihrer Kleidung?

Er zog ihre Kleidung an.

13. Was machte er mit ihrer Brille?

Er setzte sich ihre Brille auf die Nase.

14. Wohin legte er sich dann?

Er legte sich ins Bett.

15. Was hatte Rotkäppchen in der Zwischenzeit gemacht?

Das Mädchen hatte seine Suche in der Zwischenzeit beendet.

16. Wohin war es gelaufen?

Es war auch zum Haus seiner Großmutter gelaufen.

17. Was machte das Mädchen an der Tür des Hauses?

Es klopfte an der Tür.

18. Wer antwortete ihm?

Der Wolf antwortete ihm.

19. Was fragte der Wolf?

Er fragte, wer an der Tür ist.

20. Was sagte der Wolf, was sein Problem ist?

Er sagte, dass er krank ist und nicht aufstehen kann.

21. Was denkt der Wolf, wer an der Tür ist?

Er denkt, dass es die Enkelin ist.

22. Ist die Tür offen oder geschlossen?

Die Tür ist offen.

23. Wie war das Licht im Schlafzimmer der Großmutter? War es dunkel oder hell?

Im Schlafzimmer der Großmutter war es sehr dunkel.

24. Warum war es sehr dunkel?

Es war sehr dunkel, weil alle Fenster geschlossen waren.

25. Was bemerkte Rotkäppchen deshalb nicht?

Deshalb bemerkte es nicht, dass der Wolf im Bett seiner Großmutter lag.

26. Wo lag der Wolf?

Der Wolf lag im Bett seiner Großmutter.

27. Wohin ging das Mädchen?

Das Mädchen ging zum Bett.

28. Was fragte das Mädchen verwundert über die Ohren der Großmutter?

Es fragte: „Großmutter, warum hast du so große Ohren?"

29. Was antwortete der Wolf? Warum hatte er so große Ohren?

Er antwortete: „Damit ich dich besser hören kann!"

30. Was fragte das Mädchen verwundert über die Augen der Großmutter?

Es fragte: „Großmutter, warum hast du so große Augen?"

31. Was antwortete der Wolf? Warum hatte er so große Augen?

Er antwortete: „Damit ich dich besser sehen kann!"

32. Was fragte das Mädchen verwundert über die Hände der Großmutter?

Es fragte: „Großmutter, warum hast du so große Hände?"

33. Was antwortete der Wolf? Warum hatte er so große Hände?

Er antwortete: „Damit ich besser packen kann!"

34. Was fragte das Mädchen verwundert über den Mund der Großmutter?

Es fragte: „Großmutter, warum hast du so einen großen Mund?"

35. Was antwortete der Wolf? Warum hatte er so einen großen Mund?

Er antwortete: „Damit ich besser fressen kann!"

36. Was machte er danach mit dem Mädchen?

Er packte das Mädchen und verschlang es.

37. Nachdem er das Mädchen verschlungen hatte, wohin legte der Wolf sich?

Er legte sich wieder ins Bett.

38. Warum fiel der Wolf in einen tiefen Schlaf?

Weil er so viel gegessen hatte, fiel in einen tiefen Schlaf.

39. Was begann er zu machen?

Er begann, laut zu schnarchen.

Teil 4

Ein Jäger ging am Haus der Großmutter vorbei und hörte den Wolf schnarchen. „Wie laut die alte Frau schnarcht! Ich werde nachsehen, ob es ihr gut geht!", dachte sich der Jäger. Er ging in das Haus hinein und fand den Wolf im Bett der Großmutter. „Wie lange habe ich dich gesucht und nicht gefunden! Endlich habe ich dich gefunden!", dachte der Jäger. Zuerst wollte er den Wolf mit seinem Gewehr erschießen. Dann hatte er aber eine Idee. „Vielleicht hat der Wolf die Großmutter verschlungen!" Er suchte in der Küche nach einer Schere und mit der Schere schnitt er dem Wolf den Bauch auf. Nach ein paar Schnitten sprang Rotkäppchen aus dem Bauch des Wolfs heraus. Und nach ein paar Schnitten mehr halfen sie der Großmutter, den Bauch des Wolfs zu verlassen. Es ging beiden gut und sie waren beide gesund und unverletzt. Rotkäppchen lief schnell zum Fluss und suchte ein paar schwere Steine. Mit den Steinen füllten sie dem Wolf den Bauch. Anschließend nähten sie den Bauch wieder zu. Als der Wolf aufwachte hatte er großen Durst und lief zum Fluss, um zu trinken. Die Steine in seinem Bauch aber waren so schwer, dass er den Fluss nicht mehr verlassen konnte und ertrank. Der Jäger, Rotkäppchen und die Großmutter setzten sich an den Tisch, aßen Kuchen und tranken den Wein und waren glücklich und zufrieden.

Fragen:

1. Wer ging am Haus der Großmutter vorbei?

2. Was hörte der Jäger?

3. Was dachte sich der Jäger?

4. Was will er nachsehen, weil die alte Frau so laut schnarcht?

5. Was machte der Jäger deshalb?

6. Und wen fand er zu seiner Überraschung im Bett?

7. Was dachte sich der Jäger, als er den Wolf sah?

8. Was wollte der Jäger zuerst mit dem Wolf machen?

9. Womit wollte er den Wolf erschießen?

10. Aber was hatte er dann plötzlich?

11. Welche Idee hatte er?

12. Wonach suchte er in der Küche?

13. Wo suchte er nach einer Schere?

14. Was machte er danach mit der Schere?

15. Wer sprang nach ein paar Schnitten aus dem Bauch des Wolfs heraus?

16. Nach wie vielen Schnitten sprang das Mädchen aus dem Bauch heraus?

17. Wem halfen der Jäger und Rotkäppchen nach ein paar Schnitten mehr, den Bauch des Wolfs zu verlassen?

18. Wie ging es den beiden? Ging es den beiden gut oder schlecht?

19. Waren sie gesund? Waren sie verletzt?

20. Wohin lief Rotkäppchen schnell?

21. Warum lief das Mädchen zum Fluss? Was suchte es dort?

22. Was machten sie anschließend mit den schweren Steinen?

23. Was machten sie mit dem Bauch, als der Bauch voll mit Steinen war?

24. Was hatte der Wolf, als er aufwachte?

25. Wohin lief der Wolf, weil er großen Durst hatte?

26. Warum lief der Wolf zum Fluss?

27. Was war das Problem mit den Steinen in seinem Bauch?

28. Was konnte der Wolf nicht machen, weil die Steine in seinem Bauch so schwer waren?

29. Was passierte mit dem Wolf, weil er den Fluss nicht mehr verlassen konnte?

30. Was machten der Jäger, Rotkäppchen und die Großmutter?

31. Was aßen sie?

32. Was tranken sie?

33. Wie fühlten sie sich?

Lösungen:

1. Wer ging am Haus der Großmutter vorbei?

Ein Jäger ging am Haus der Großmutter vorbei.

2. Was hörte der Jäger?

Er hörte den Wolf schnarchen.

3. Was dachte sich der Jäger?

Der Jäger dachte: „Wie laut die alte Frau schnarcht!"

4. Was will er nachsehen, weil die alte Frau so laut schnarcht?

Er will nachsehen, ob es ihr gut geht.

5. Was machte der Jäger deshalb?

Der Jäger ging in das Haus hinein.

6. Und wen fand er zu seiner Überraschung im Bett?

Er fand den Wolf im Bett der Großmutter.

7. Was dachte sich der Jäger, als er den Wolf sah?

„Wie lange habe ich dich gesucht und nicht gefunden! Endlich habe ich dich gefunden!"

8. Was wollte der Jäger zuerst mit dem Wolf machen?

Zuerst wollte er den Wolf erschießen.

9. Womit wollte er den Wolf erschießen?

Mit seinem Gewehr wollte er den Wolf erschießen.

10. Aber was hatte er dann plötzlich?

Er hatte eine Idee.

11. Welche Idee hatte er?

„Vielleicht hat der Wolf die Großmutter verschlungen!"

12. Wonach suchte er in der Küche?

Er suchte in der Küche nach einer Schere.

13. Wo suchte er nach einer Schere?

In der Küche suchte er nach einer Schere.

14. Was machte er danach mit der Schere?

Er schnitt dem Wolf den Bauch auf.

15. Wer sprang nach ein paar Schnitten aus dem Bauch des Wolfs heraus?

Rotkäppchen sprang nach ein paar Schnitten aus dem Bauch des Wolfs heraus.

16. Nach wie vielen Schnitten sprang das Mädchen aus dem Bauch heraus?

Nach ein paar Schnitten sprang das Mädchen aus dem Bauch heraus.

17. Wem halfen der Jäger und Rotkäppchen nach ein paar Schnitten mehr, den Bauch des Wolfs zu verlassen?

Nach ein paar Schnitten mehr halfen sie der Großmutter, den Bauch des Wolfs zu verlassen.

18. Wie ging es den beiden? Ging es den beiden gut oder schlecht?

Es ging beiden gut.

19. Waren sie gesund? Waren sie verletzt?

Nein, sie waren beide gesund und unverletzt.

20. Wohin lief Rotkäppchen schnell?

Es lief schnell zum Fluss.

21. Warum lief das Mädchen zum Fluss? Was suchte es dort?

Es suchte ein paar schwere Steine.

22. Was machten sie anschließend mit den schweren Steinen?

Sie füllten dem Wolf den Bauch mit den schweren Steinen.

23. Was machten sie mit dem Bauch, als der Bauch voll mit Steinen war?

Anschließend nähten sie den Bauch wieder zu.

24. Was hatte der Wolf, als er aufwachte?

Als er aufwachte, hatte er großen Durst.

25. Wohin lief der Wolf, weil er großen Durst hatte?

Er lief zum Fluss, weil er großen Durst.

26. Warum lief der Wolf zum Fluss?

Er lief zum Fluss, um zu trinken.

27. Was war das Problem mit den Steinen in seinem Bauch?

Die Steine in seinem Bauch waren sehr schwer.

28. Was konnte der Wolf nicht machen, weil die Steine in seinem Bauch so schwer waren?

Der Wolf konnte den Fluss nicht mehr verlassen, weil die Steine so schwer waren.

29. Was passierte mit dem Wolf, weil er den Fluss nicht mehr verlassen konnte?

Der Wolf ertrank.

30. Was machten der Jäger, Rotkäppchen und die Großmutter?

Sie setzten sich an den Tisch.

31. Was aßen sie?

Sie aßen den Kuchen.

32. Was tranken sie?

Sie tranken den Wein.

33. Wie fühlten sie sich?

Sie waren glücklich und zufrieden.

Hänsel und Gretel

Teil 1

Es waren einmal ein Holzfäller und seine Familie. Die Familie hatte zwei Kinder, ein Mädchen und einen Jungen. Sie hießen Hänsel und Gretel. Sie lebten in einem kleinen Häuschen in der Nähe von einem kleinen Wald. Die Zeiten waren sehr hart und die Familie hatte kaum etwas zu essen. Der Holzfäller und seine Frau waren sehr verzweifelt. In ihrer Verzweiflung trafen sie die Entscheidung, ihre Kinder im Wald allein zurück zu lassen. Die Kinder hatten so viel Hunger, dass sie nicht schlafen konnten. Deshalb hatten sie das Gespräch ihrer Eltern gehört und kannten ihren Plan. Als die Eltern schliefen, schlich Hänsel nach draußen in den Garten. Dort sammelte er viele kleine, weiße Steine. Danach legte er sich wieder ins Bett und schlief. Am nächsten Morgen weckte die Mutter die Kinder und sagte ihnen, dass die ganze Familie in den Wald gehen müsste. Sie müssten Holz sammeln, um es zu verkaufen. Durch den Verkauf wollte die Familie ein bisschen Geld für Essen verdienen. Sie gab den Kindern ein Stück Brot und dann gingen sie los. Hänsel nahm die kleinen Steine, die er in der Nacht gesammelt hatte, und ließ alle paar Meter einen Stein fallen. Auf diese Weise markierte er den Weg. Die Eltern bemerkten nichts von den Steinen.

Fragen:

1. Was war der Beruf des Vaters?

2. Hatte der Holzfäller Familie?

3. Wie viele Kinder hatte die Familie?

4. Waren die zwei Kinder zwei Jungen oder zwei Mädchen?

5. Wie hießen sie?

6. Wo lebte die Familie? Lebte sie in einem Haus oder in einem Schloss?

7. Wo war das Haus?

8. Wie waren die Zeiten für die Familie?

9. Warum waren die Zeiten hart?

10. Wie fühlten sich der Holzfäller und seine Frau?

11. Welche Entscheidung trafen sie in ihrer Verzweiflung?

12. Trafen sie die Entscheidung in Ruhe oder in Verzweiflung?

13. Wo wollten sie die Kinder allein zurück lassen?

14. Warum konnten die Kinder in der Nacht nicht schlafen?

15. Was hatten sie deshalb gehört, weil sie nicht schlafen konnten?

16. Was kannten sie, weil sie das Gespräch der Eltern gehört hatten?

17. Was machte Hänsel, als die Eltern schliefen?

18. Wann schlich Hänsel nach draußen in den Garten?

19. Was sammelte er dort draußen im Garten?

20. Wohin legte er sich danach wieder?

21. Was machte er in seinem Bett?

22. Was machte die Mutter am nächsten Morgen mit den Kindern?

23. Was sagte sie ihnen?

24. Was müsste die Familie im Wald machen?

25. Wofür müssten sie Holz sammeln?

26. Was wollte die Familie durch den Verkauf machen?

27. Was gab die Mutter den Kindern?

28 Und was machte die Familie dann?

29. Was machte Hänsel mit den kleinen Steinen?

30. Welche Steine ließ Hänsel alle paar Meter fallen?

31. Warum ließ er die Steine fallen? Was machte er auf diese Weise?

32. Bemerkten die Eltern etwas von den Steinen?

Lösungen:

1. Was war der Beruf des Vaters?

Der Vater war ein Holzfäller.

2. Hatte der Holzfäller Familie?

Ja, der Holzfäller hatte Familie.

3. Wie viele Kinder hatte die Familie?

Die Familie hatte zwei Kinder.

4. Waren die zwei Kinder zwei Jungen oder zwei Mädchen?

Nein, die zwei Kinder waren ein Mädchen und ein Junge.

5. Wie hießen sie?

Sie hießen Hänsel und Gretel.

6. Wo lebte die Familie? Lebte sie in einem Haus oder in einem Schloss?

Sie lebte in einem kleinem Haus.

7. Wo war das Haus?

Das Haus war in der Nähe von einem kleinen Wald.

8. Wie waren die Zeiten für die Familie?

Die Zeiten waren hart.

9. Warum waren die Zeiten hart?

Die Familie hatte kaum etwas zu essen.

10. Wie fühlten sich der Holzfäller und seine Frau?

Der Holzfäller und seine Frau waren sehr verzweifelt.

11. Welche Entscheidung trafen sie in ihrer Verzweiflung?

In ihrer Verzweiflung trafen sie die Entscheidung, die Kinder allein im Wald zurück zu lassen.

12. Trafen sie die Entscheidung in Ruhe oder in Verzweiflung?

Sie trafen die Entscheidung in Verzweiflung.

13. Wo wollten sie die Kinder allein zurück lassen?

Sie wollten die Kinder im Wald allein zurück lassen.

14. Warum konnten die Kinder in der Nacht nicht schlafen?

Die Kinder hatten so viel Hunger, dass sie nicht schlafen konnten.

15. Was hatten sie deshalb gehört, weil sie nicht schlafen konnten?

Deshalb hatten sie das Gespräch der Eltern gehört.

16. Was kannten sie, weil sie das Gespräch der Eltern gehört hatten?

Sie kannten ihren Plan.

17. Was machte Hänsel, als die Eltern schliefen?

Als die Eltern schliefen, schlich Hänsel nach draußen in den Garten.

18. Wann schlich Hänsel nach draußen in den Garten?

Er schlich nach draußen in den Garten, als die Eltern schliefen.

19. Was sammelte er dort draußen im Garten?

Dort sammelte er viele kleine, weiße Steine.

20. Wohin legte er sich danach wieder?

Danach legte er sich wieder ins Bett.

21. Was machte er in seinem Bett?

Er schlief.

22. Was machte die Mutter am nächsten Morgen mit den Kindern?

Am nächsten Morgen weckte die Mutter die Kinder.

23. Was sagte sie ihnen?

Sie sagte ihnen, dass die ganze Familie in den Wald gehen müsste.

24. Was müsste die Familie im Wald machen?

Sie müsste Holz sammeln.

25. Wofür müssten sie Holz sammeln?

Sie müssten Holz sammeln, um es zu verkaufen.

26. Was wollte die Familie durch den Verkauf machen?

Durch den Verkauf wollte die Familie ein bisschen Geld verdienen.

27. Was gab die Mutter den Kindern?

Die Mutter gab den Kindern ein Stück Brot.

28 Und was machte die Familie dann?

Dann gingen sie los.

29. Was machte Hänsel mit den kleinen Steinen?

Hänsel nahm die kleinen Steine und ließ alle paar Meter einen Stein fallen.

30. Welche Steine ließ Hänsel alle paar Meter fallen?

Er ließ die Steine, die er in der Nacht gesammelt hatte, alle paar Meter fallen.

31. Warum ließ er die Steine fallen? Was machte er auf diese Weise?

Auf diese Weise markierte er den Weg.

32. Bemerkten die Eltern etwas von den Steinen?

Nein, die Eltern bemerkten nichts von den Steinen.

Teil 2

Nach einer Weile waren sie tief im Wald angekommen und der Vater sagte zu den Kindern: „Geht und sucht kleines Holz. Ich werde ein Feuer machen. Dann könnt ihr euch ans Feuer setzen und ausruhen. Währenddessen gehen eure Mutter und ich mehr Holz sammeln." Als das Feuer brannte, setzten sich die Kinder ans Feuer und ruhten sich aus. Sie hörten den ganzen Tag, wie etwas gegen die Bäume schlug und dachten, das wären ihre Eltern mit der Axt. Aber es war in Wirklichkeit nur ein großer Ast, der gegen einen Baum schlug. Als es dunkel wurde, bekam Gretel Angst und wollte nach Hause gehen. Hänsel beruhigte sie und sagte ihr: „Hab keine Angst, liebe Schwester. Wir warten noch ein bisschen und dann gehen wir nach Hause." Sie warteten noch ein bisschen und dann machten sie sich auf den Weg. Mit Hilfe der Steine auf dem Weg fand Hänsel ganz leicht den Weg nach Hause. Der Vater freute sich sehr, dass die Kinder wieder Zuhause waren, aber die Mutter fand es gar nicht gut.

Fragen:

1. Wo waren sie nach einer Weile angekommen?

2. Was wollte der Vater von den Kindern? Was sollten sie suchen?

3. Was wird der Vater mit dem kleinen Holz machen?

4. Was können die Kinder dann am Feuer machen?

5. Was machen der Vater und die Mutter währenddessen?

6. Was machten die Kinder, als das Feuer brannte?

7. Wann setzten sich die Kinder und ruhten sich aus?

8. Was hörten sie den ganzen Tag?

9. Was dachten sie, was es war, das gegen die Bäume schlug?

10. Aber was war es in Wirklichkeit?

11. Was bekam Gretel, als es dunkel wurde?

12. Wann bekam Gretel Angst?

13. Was wollte Gretel machen, weil sie Angst bekam?

14. Wie reagierte Hänsel auf die Situation?

15. Was sagte er zu Gretel, um sie zu beruhigen?

16. Was will Hänsel machen, bevor die zwei Kinder nach Hause gehen?

17. Was machen die zwei Kinder also?

18. Mit welcher Hilfe fand Hänsel den Weg nach Hause?

19. War es schwierig oder leicht, den Weg nach Hause zu finden?

20. Wie reagierte der Vater darauf, dass die Kinder wieder Zuhause waren? War er zufrieden? Freute er sich?

21. Wie fand die Mutter die Situation?

Lösungen:

1. Wo waren sie nach einer Weile angekommen?

Nach einer Weile waren sie tief im Wald angekommen.

2. Was wollte der Vater von den Kindern? Was sollten sie suchen?

Sie sollten kleines Holz suchen.

3. Was wird der Vater mit dem kleinen Holz machen?

Er wird ein Feuer mit dem kleinen Holz machen.

4. Was können die Kinder dann am Feuer machen?

Sie können sich ans Feuer setzen und ausruhen.

5. Was machen der Vater und die Mutter währenddessen?

Währenddessen gehen der Vater und die Mutter mehr Holz sammeln.

6. Was machten die Kinder, als das Feuer brannte?

Als das Feuer brannte, setzten sich die Kinder und ruhten sich aus.

7. Wann setzten sich die Kinder und ruhten sich aus?

Die Kinder setzten sich und ruhten sich aus, als das Feuer brannte.

8. Was hörten sie den ganzen Tag?

Sie hörten den ganzen Tag, wie etwas gegen die Bäume schlug.

9. Was dachten sie, was es war, das gegen die Bäume schlug?

Sie dachten, das wären ihre Eltern mit der Axt.

10. Aber was war es in Wirklichkeit?

In Wirklichkeit war es nur ein großer Ast, der gegen einen Baum schlug.

11. Was bekam Gretel, als es dunkel wurde?

Als es dunkel wurde, bekam Gretel Angst.

12. Wann bekam Gretel Angst?

Gretel bekam Angst, als es dunkel wurde.

13. Was wollte Gretel machen, weil sie Angst bekam?

Sie wollte nach Hause gehen.

14. Wie reagierte Hänsel auf die Situation?

Er beruhigte sie.

15. Was sagte er zu Gretel, um sie zu beruhigen?

Er sagte: „Hab keine Angst, liebe Schwester."

16. Was will Hänsel machen, bevor die zwei Kinder nach Hause gehen?

Er will noch ein bisschen warten und dann gehen sie nach Hause.

17. Was machen die zwei Kinder also?

Sie warteten noch ein bisschen und dann machten sie sich auf den Weg.

18. Mit welcher Hilfe fand Hänsel den Weg nach Hause?

Mit Hilfe der Steine auf dem Weg fand Hänsel den Weg nach Hause.

19. War es schwierig oder leicht, den Weg nach Hause zu finden?

Es war leicht. Mit Hilfe der Steine auf dem Weg fand Hänsel ganz leicht den Weg nach Hause.

20. Wie reagierte der Vater darauf, dass die Kinder wieder Zuhause waren? War er zufrieden? Freute er sich?

Ja, der Vater freute sich sehr, dass die Kinder wieder Zuhause waren.

21. Wie fand die Mutter die Situation?

Die Mutter fand es gar nicht gut.

Teil 3

Ein paar Wochen später war die Familie wieder in der gleichen Situation. Sie hatte kaum etwas zu essen und war sehr verzweifelt. Und wieder trafen die Eltern die Entscheidung, die Kinder allein im Wald zu lassen. Die Kinder hatten das Gespräch der Eltern wieder gehört. Hänsel wollte wieder nach draußen in den Garten gehen, um die weißen Steinchen zu sammeln. Aber er konnte das Zimmer nicht verlassen. Die Mutter hatte die Tür verschlossen. Am nächsten Morgen gab die Mutter den Kindern wieder ein Stück Brot und sie machten sich auf den Weg in den Wald. Hänsel machte kleine Stücke aus dem Brot und ließ sie auf den Boden fallen. Die kleinen Stücke sollten ihm helfen, den Weg zu finden. Sie machten wieder ein Feuer und die Eltern ließen die Kinder allein im Wald. In der Nacht wollten Hänsel und Gretel wieder nach Hause gehen. Aber die Vögel im Wald hatten das ganze Brot gefressen und sie konnten den Weg nach Hause nicht mehr finden. Sie suchten und suchten, aber sie konnten nicht nach Hause finden. Nach ein paar Tagen kamen sie zu einem Haus. Es war komplett aus Lebkuchen gebaut. Hänsel und Gretel hatten riesigen Hunger und wollten ein bisschen Lebkuchen essen. Hänsel aß ein Stück vom Dach und Gretel aß ein Stück von der Wand. Sie aßen und aßen und nach einer Weile kam eine alte Frau aus dem Haus. „Wer isst das Dach von meinem Haus? Wer isst die Wände von meinem Haus?", fragte die alte Frau. „Wir finden den Weg nach Hause nicht mehr und wir hatten riesigen Hunger.", antworteten die Kinder.

Fragen:

1. In welcher Situation war die Familie ein paar Wochen später wieder?

2. In welcher Situation war die Familie wieder?

3. Welche Entscheidung trafen die Eltern wieder?

4. Hatten die Kinder das Gespräch der Eltern wieder gehört?

5. Wohin wollte Hänsel wieder gehen?

6. Warum wollte er wieder nach draußen gehen?

7. Aber dieses Mal gab es ein Problem? Was war das Problem?

8. Warum konnte er das Zimmer nicht verlassen?

9. Was gab die Mutter den Kindern am nächsten Morgen wieder?

10. Wohin machten sie sich dann auf den Weg?

11. Was machte Hänsel aus dem Brot?

12. Was machte Hänsel mit den kleinen Brotstücken?

13. Warum ließ er die Stücke auf den Boden fallen? Bei was sollten sie ihm helfen?

14. Was machten sie wieder im Wald?

15. Was machten dann die Eltern mit den Kindern?

16. Was wollten die Kinder in der Nacht wieder machen?

17. Aber was war mit dem ganzen Brot passiert, das den Weg nach Hause markieren sollte?

18. Was konnten die Kinder deshalb nicht mehr finden?

19. Wohin kamen sie nach ein paar Tagen?

20. Aus welchem Material war das Haus gebaut?

21. Hatten die Kinder Hunger?

22. Was wollten sie machen, weil sie riesigen Hunger hatten?

23. Von welchem Teil vom Haus aß Hänsel?

24. Von welchem Teil vom Haus aß Gretel?

25. Aßen sie für lange Zeit?

26. Wer kam nach einer Weile aus dem Haus?

27. Was wollte die alte Frau wissen?

28. Was sagten die Kinder, was ihr Problem war? Was fanden sie nicht mehr?

29. Und weil sie den Weg nach Hause nicht mehr finden, was hatten sie?

Lösungen:

1. In welcher Situation war die Familie ein paar Wochen später wieder?

Ein paar Wochen später war die Familie wieder in der gleichen Situation.

2. In welcher Situation war die Familie wieder?

Sie hatte wieder kaum etwas zu essen und war sehr verzweifelt.

3. Welche Entscheidung trafen die Eltern wieder?

Die Eltern trafen wieder die Entscheidung, die Kinder allein im Wald zu lassen.

4. Hatten die Kinder das Gespräch der Eltern wieder gehört?

Ja, die Kinder hatten das Gespräch der Eltern wieder gehört.

5. Wohin wollte Hänsel wieder gehen?

Hänsel wollte wieder nach draußen in den Garten gehen.

6. Warum wollte er wieder nach draußen gehen?

Er wollte wieder nach draußen gehen, um wieder die weißen Steinchen zu sammeln.

7. Aber dieses Mal gab es ein Problem? Was war das Problem?

Dieses Mal konnte er das Zimmer nicht verlassen.

8. Warum konnte er das Zimmer nicht verlassen?

Seine Mutter hatte die Tür verschlossen.

9. Was gab die Mutter den Kindern am nächsten Morgen wieder?

Am nächsten Morgen gab die Mutter den Kindern wieder ein Stück Brot.

10. Wohin machten sie sich dann auf den Weg?

Sie machten sich auf den Weg in den Wald.

11. Was machte Hänsel aus dem Brot?

Hänsel machte kleine Stücke aus dem Brot.

12. Was machte Hänsel mit den kleinen Brotstücken?

Er ließ sie auf den Boden fallen.

13. Warum ließ er die Stücke auf den Boden fallen? Bei was sollten sie ihm helfen?

Die kleinen Stücke sollten ihm helfen, den Weg zu finden.

14. Was machten sie wieder im Wald?

Sie machten wieder ein Feuer.

15. Was machten dann die Eltern mit den Kindern?

Die Eltern ließen die Kinder allein im Wald.

16. Was wollten die Kinder in der Nacht wieder machen?

In der Nacht wollten Hänsel und Gretel wieder nach Hause gehen.

17. Aber was war mit dem ganzen Brot passiert, das den Weg nach Hause markieren sollte?

Die Vögel im Wald hatten das ganze Brot gefressen.

18. Was konnten die Kinder deshalb nicht mehr finden?

Sie konnten den Weg nach Hause nicht mehr finden.

19. Wohin kamen sie nach ein paar Tagen?

Nach ein paar Tagen kamen sie zu einem Haus.

20. Aus welchem Material war das Haus gebaut?

Es war komplett aus Lebkuchen gebaut.

21. Hatten die Kinder Hunger?

Ja, Hänsel und Gretel hatten riesigen Hunger.

22. Was wollten sie machen, weil sie riesigen Hunger hatten?

Sie wollten ein bisschen Lebkuchen essen.

23. Von welchem Teil vom Haus aß Hänsel?

Hänsel aß ein Stück vom Dach.

24. Von welchem Teil vom Haus aß Gretel?

Gretel aß ein Stück von der Wand.

25. Aßen sie für lange Zeit?

Ja, sie aßen und aßen.

26. Wer kam nach einer Weile aus dem Haus?

Nach einer Weile kam eine alte Frau aus dem Haus.

27. Was wollte die alte Frau wissen?

„Wer isst das Dach von meinem Haus? Wer isst die Wände von meinem Haus?"

28. Was sagten die Kinder, was ihr Problem war? Was fanden sie nicht mehr?

Sie sagten, dass sie den Weg nach Hause nicht mehr finden.

29. Und weil sie den Weg nach Hause nicht mehr finden, was hatten sie?

Sie hatten riesigen Hunger, weil sie den Weg nach Hause nicht mehr finden.

Teil 4

Die alte Frau war eine böse Hexe. Sie packte Hänsel und warf ihn in einen Käfig. Dann verschloss sie die Tür mit einem Schlüssel. Gretel musste für die Hexe arbeiten. Sie musste putzen, kochen und Wasser holen. Und sie musste Hänsel viel Essen geben. Die Hexe wollte, dass Hänsel dick und fett wird, weil sie ihn essen wollte. Eines Tages brauchte die Hexe das Mädchen nicht mehr und wollte es im Backofen braten. Sie wollte, dass Gretel in den Backofen kletterte und prüfte, ob das Feuer schon heiß genug war. Doch Gretel erkannte den Plan der Hexe und sagte: „Ich weiß nicht, wie ich in den Ofen klettern soll. Ich glaube, ich passe nicht durch die Ofentür." „Natürlich passt du durch die Ofentür, dummes Mädchen. Sogar ich passe durch die Ofentür.", antwortete die Hexe. Sie steckte den Kopf in den Ofen und in diesem Moment schob das kleine Mädchen die böse Hexe mit aller Kraft in den Ofen und schloss schnell die Ofentür. Danach suchte Gretel schnell nach dem Schlüssel für Hänsels Käfig und lief zum Käfig, um die Tür zu öffnen. Die Kinder hatten keine Angst mehr, weil die böse Hexe tot war. Dann sahen sie sich im Haus der Hexe um. Überall standen Kisten und Truhen mit Gold, Juwelen und Diamanten. Sie nahmen so viele Diamanten und so viel Gold, wie sie tragen konnten und machten sich auf den Weg nach Hause. Nach einer Weile kam ihnen der Wald immer bekannter vor und bald sahen sie ihr Haus. Ihre böse Mutter war gestorben, aber ihr Vater war noch am Leben. Mit den Diamanten und dem Gold konnten sie glücklich und zufrieden leben und hatten immer etwas zu essen.

Fragen:

1. Wer war die alte Frau?

2. Was machte sie mit Hänsel? Wohin warf sie ihn?

3. Was machte sie dann mit der Tür des Käfigs?

4. Was musste Gretel machen?

5. Was musste sie machen? Was waren ihre Aufgaben?

6. Was musste sie Hänsel viel geben?

7. Warum musste sie Hänsel viel Essen geben? Was wollte die Hexe?

8. Warum wollte die Hexe, dass Hänsel dick und fett wird?

9. Wie war die Situation zwischen der Hexe und Gretel eines Tages?

10. Was wollte sie deshalb mit dem Mädchen machen?

11. Was war ihr böser Plan? Was wollte sie von Gretel?

12. Was sollte Gretel prüfen?

13. Erkannte Gretel den bösen Plan der Hexe?

14. Was sagte Gretel deshalb? Was wusste sie nicht?

15. Was glaubte das Mädchen, wodurch passte sie nicht?

16. Wie reagierte die Hexe? Dachte sie, dass das Mädchen durch die Ofentür passte?

17. Warum glaubte die Hexe, dass das Mädchen durch die Ofentür passt?

18. Was machte die Hexe, um Gretel zu zeigen, dass sie durch die Ofentür passt?

19. Was machte Gretel schnell in diesem Moment?

20. Was machte das Mädchen mit der Ofentür, als die Hexe im Ofen war?

21. Was suchte Gretel danach?

22. Als sie den Schlüssel gefunden hatte, wohin lief sie danach?

23. Hatten die Kinder immer noch Angst?

24. Warum hatten die Kinder keine Angst mehr?

25. Was machten sie deshalb im Haus der Hexe?

26. Was stand überall?

27. Wie viel Gold und Diamanten nahmen sie mit?

28. Wohin gingen sie dann?

29. Hatten sie Glück und konnten den Weg nach Hause finden?

30. Und da ihnen der Wald immer bekannter vorkam, was sahen sie bald?

31. Was war mit ihrer bösen Mutter passiert?

32. Lebte ihr Vater noch?

33. Wie war ihr Leben jetzt dank der Diamanten und dem Gold? Wie konnten sie jetzt leben?

Lösungen:

1. Wer war die alte Frau?

Die alte Frau war eine böse Hexe.

2. Was machte sie mit Hänsel? Wohin warf sie ihn?

Sie packte Hänsel und warf ihn in einen Käfig.

3. Was machte sie dann mit der Tür des Käfigs?

Sie verschloss die Tür mit einem Schlüssel.

4. Was musste Gretel machen?

Gretel musste für die Hexe arbeiten.

5. Was musste sie machen? Was waren ihre Aufgaben?

Sie musste putzen, kochen und Wasser holen.

6. Was musste sie Hänsel viel geben?

Sie musste Hänsel viel Essen geben.

7. Warum musste sie Hänsel viel Essen geben? Was wollte die Hexe?

Die Hexe wollte, dass Hänsel dick und fett wird.

8. Warum wollte die Hexe, dass Hänsel dick und fett wird?

Die Hexe wollte, dass er dick und fett wird, weil sie ihn essen wollte.

9. Wie war die Situation zwischen der Hexe und Gretel eines Tages?

Eines Tages brauchte die Hexe das Mädchen nicht mehr.

10. Was wollte sie deshalb mit dem Mädchen machen?

Sie wollte es deshalb im Backofen braten.

11. Was war ihr böser Plan? Was wollte sie von Gretel?

Sie wollte, dass Gretel in den Backofen kletterte und prüfte, ob das Feuer schon heiß genug war.

12. Was sollte Gretel prüfen?

Sie sollte prüfen, ob das Feuer schon heiß genug war.

13. Erkannte Gretel den bösen Plan der Hexe?

Ja, Gretel erkannte den bösen Plan der Hexe.

14. Was sagte Gretel deshalb? Was wusste sie nicht?

„Ich weiß nicht, wie ich in den Ofen klettern soll."

15. Was glaubte das Mädchen, wodurch passte sie nicht?

„Ich glaube, ich passe nicht durch die Ofentür."

16. Wie reagierte die Hexe? Dachte sie, dass das Mädchen durch die Ofentür passte?

„Natürlich passt du durch die Ofentür, dummes Mädchen."

17. Warum glaubte die Hexe, dass das Mädchen durch die Ofentür passt?

„Sogar ich passe durch die Ofentür."

18. Was machte die Hexe, um Gretel zu zeigen, dass sie durch die Ofentür passt?

Sie steckte ihren Kopf in den Ofen.

19. Was machte Gretel schnell in diesem Moment?

Das Mädchen schob die Hexe schnell mit aller Kraft in den Ofen.

20. Was machte das Mädchen mit der Ofentür, als die Hexe im Ofen war?

Es schloss schnell die Ofentür.

21. Was suchte Gretel danach?

Danach suchte Gretel schnell nach dem Schlüssel für Hänsels Käfig.

22. Als sie den Schlüssel gefunden hatte, wohin lief sie danach?

Sie lief zum Käfig, um die Tür zu öffnen.

23. Hatten die Kinder immer noch Angst?

Nein, die Kinder hatten keine Angst mehr.

24. Warum hatten die Kinder keine Angst mehr?

Sie hatten keine Angst mehr, weil die böse Hexe tot war.

25. Was machten sie deshalb im Haus der Hexe?

Dann sahen sie sich im Haus der Hexe um.

26. Was stand überall?

Überall standen Kisten und Truhen mit Gold, Juwelen und Diamanten.

27. Wie viel Gold und Diamanten nahmen sie mit?

Sie nahmen so viele Diamanten und so viel Gold, wie sie tragen konnten.

28. Wohin gingen sie dann?

Sie machten sich auf den Weg nach Hause.

29. Hatten sie Glück und konnten den Weg nach Hause finden?

Ja, nach einer Weile kam ihnen der Wald immer bekannter vor.

30. Und da ihnen der Wald immer bekannter vorkam, was sahen sie bald?

Bald sahen sie ihr Haus.

31. Was war mit ihrer bösen Mutter passiert?

Ihre böse Mutter war gestorben.

32. Lebte ihr Vater noch?

Ja, ihr Vater war noch am Leben.

33. Wie war ihr Leben jetzt dank der Diamanten und dem Gold? Wie konnten sie jetzt leben?

Mit den Diamanten und dem Gold konnten sie glücklich und zufrieden leben und hatten immer etwas zu essen.

Der Fischer und seine Frau
Teil 1

Es waren einmal ein Fischer und seine Frau. Sie wohnten in einem kleinen Haus am Meer. Der Fischer ging jeden Tag ans Meer und versuchte, Fische zu fangen. Eines Tages saß er wieder am Meer und angelte. Plötzlich zog etwas mit voller Kraft an seiner Angel. Der Fischer hatte einen Fisch gefangen! Doch der Fisch war kein normaler Fisch. „Bitte, bitte, lass mich leben und töte mich nicht. Ich bin ein verzauberter Prinz. Lass mich bitte frei!", bat ihn der Fisch. Der Fischer ließ den Fisch wieder frei. Wer würde schon einen sprechenden Fisch töten und essen? Danach ging er wieder zu seinem Haus zurück. „Hast du heute nichts gefangen?", fragte ihn seine Frau. Und der Fischer erzählte ihr von seiner Begegnung mit dem Fisch. „Hast du dir nichts gewünscht?", fragte die Frau. „Warum hätte ich mir etwas wünschen sollen?", antwortete der Fischer. „Der Fisch ist dir bestimmt dankbar und wird dir einen Wunsch erfüllen. Ein neues und größeres Haus wäre toll! Geh noch mal ans Meer und ruf den Fisch!" Weil er seine Frau sehr liebte und wollte, dass sie glücklich ist, ging der Fischer wieder ans Meer und rief den Fisch. Der Fisch kam und der Mann erzählte ihm von dem Wunsch seiner Frau. „Kein Problem", antwortete der Fisch, „Geh nach Hause. Deine Frau sitzt schon im neuen Haus."

Fragen:

1. Wer sind die zwei Protagonisten in diesem Märchen?

2. Wo wohnten der Fischer und seine Frau?

3. Wo war das kleine Haus?

4. Wohin ging der Fischer jeden Tag?

5. Was versuchte er am Meer zu machen?

6. Wo saß er eines Tages wieder?

7. Was machte er am Meer?

8. Was passierte plötzlich mit seiner Angel?

9. Wie stark zog etwas an seiner Angel?

10. Was war passiert? Hatte der Fischer etwas gefangen?

11. War der Fisch ein normaler Fisch?

12. Was bat der Fisch den Fischer?

13. Was ist der Fisch nämlich?

14. Was bat er den Fischer deshalb?

15. Wie reagierte der Fischer? Tötete der Fischer den Fisch? Oder ließ er den Fisch wieder frei?

16. Was dachte sich der Fischer? Warum ließ er den Fisch wieder frei?

17. Wohin ging der Fischer, nachdem er den Fisch frei gelassen hatte?

18. Was fragte seine Frau, als er Zuhause ankam?

19. Wovon erzählte der Fischer seiner Frau?

20. Was fragte die Frau, als sie die Geschichte gehört hatte?

21. Wie fand der Fischer diese Idee? Dachte er, dass er sich etwas wünschen hätte sollen?

22. Warum dachte die Frau, dass er sich etwas wünschen hätte sollen?

23. Und weil der Fisch dem Fischer bestimmt dankbar ist, was wird er sicher machen?

24. Was sollte sich der Fischer wünschen? Was wäre toll?

25. Was möchte die Frau? Was soll ihr Mann machen?

26. Warum ging der Fischer ans Meer und rief den Fisch?

27. Was machte der Fischer, weil er seine Frau sehr liebte?

28. Kam der Fisch, als der Fischer ihn rief?

29. Was erzählte ihm der Fischer?

30. War der Wunsch der Frau ein Problem für den Fisch?

31. Was sagte der Fisch dem Fischer? Wo sitzt die Frau schon?

Lösungen:

1. Wer sind die zwei Protagonisten in diesem Märchen?

Die zwei Protagonisten sind ein Fischer und seine Frau.

2. Wo wohnten der Fischer und seine Frau?

Sie wohnten in einem kleinen Haus.

3. Wo war das kleine Haus?

Das kleine Haus war am Meer.

4. Wohin ging der Fischer jeden Tag?

Der Fischer ging jeden Tag ans Meer.

5. Was versuchte er am Meer zu machen?

Er versuchte, Fische zu fangen.

6. Wo saß er eines Tages wieder?

Eines Tages saß er wieder am Meer.

7. Was machte er am Meer?

Er angelte.

8. Was passierte plötzlich mit seiner Angel?

Plötzlich zog etwas mit voller Kraft an seiner Angel.

9. Wie stark zog etwas an seiner Angel?

Mit voller Kraft zog etwas an seiner Angel.

10. Was war passiert? Hatte der Fischer etwas gefangen?

Ja, der Fischer hatte einen Fisch gefangen.

11. War der Fisch ein normaler Fisch?

Nein, der Fisch war kein normaler Fisch.

12. Was bat der Fisch den Fischer?

„Bitte, bitte, lass mich leben und töte mich nicht."

13. Was ist der Fisch nämlich?

Er ist ein verzauberter Prinz.

14. Was bat er den Fischer deshalb?

„Lass mich bitte frei!"

15. Wie reagierte der Fischer? Tötete der Fischer den Fisch? Oder ließ er den Fisch wieder frei?

Der Fischer ließ den Fisch wieder frei.

16. Was dachte sich der Fischer? Warum ließ er den Fisch wieder frei?

Wer würde schon einen sprechenden Fisch töten und essen?

17. Wohin ging der Fischer, nachdem er den Fisch frei gelassen hatte?

Danach ging er wieder zu seinem Hause zurück.

18. Was fragte seine Frau, als er Zuhause ankam?

„Hast du heute nichts gefangen?", fragte ihn seine Frau.

19. Wovon erzählte der Fischer seiner Frau?

Der Fischer erzählte ihr von seiner Begegnung mit dem Fisch..

20. Was fragte die Frau, als sie die Geschichte gehört hatte?

„Hast du dir nichts gewünscht?", fragte die Frau.

21. Wie fand der Fischer diese Idee? Dachte er, dass er sich etwas wünschen hätte sollen?

Nein. „Warum hätte ich mir etwas wünschen sollen?", antwortete der Fischer.

22. Warum dachte die Frau, dass er sich etwas wünschen hätte sollen?

„Der Fisch ist dir bestimmt dankbar."

23. Und weil der Fisch dem Fischer bestimmt dankbar ist, was wird er sicher machen?

Er wird dem Fischer einen Wunsch erfüllen.

24. Was sollte sich der Fischer wünschen? Was wäre toll?

Ein neues und größeres Haus wäre toll.

25. Was möchte die Frau? Was soll ihr Mann machen?

„Geh noch mal ans Meer und ruf den Fisch!"

26. Warum ging der Fischer ans Meer und rief den Fisch?

Weil er seine Frau sehr liebte und wollte, dass sie glücklich ist, ging der Fischer wieder ans Meer und rief den Fisch.

27. Was machte der Fischer, weil er seine Frau sehr liebte?

Er ging wieder ans Meer und rief den Fisch.

28. Kam der Fisch, als der Fischer ihn rief?

Ja, der Fisch kam.

29. Was erzählte ihm der Fischer?

Der Fischer erzählte ihm von dem Wunsch seiner Frau.

30. War der Wunsch der Frau ein Problem für den Fisch?

Nein, der Wunsch war kein Problem.

31. Was sagte der Fisch dem Fischer? Wo sitzt die Frau schon?

Er sagte: „ „Geh nach Hause. Deine Frau sitzt schon im neuen Haus."

Teil 2

Der Mann und die Frau wohnten ein paar Wochen in ihrem neuen Haus und waren zufrieden. Eines Morgens kam die Frau schließlich zu ihrem Mann und sagte: „Das Haus ist etwas zu klein. Ein Schloss wäre viel schöner und wir hätten viel mehr Möglichkeiten. Geh wieder ans Meer und wünsch dir ein Schloss vom Fisch." Weil er seine Frau sehr liebte und wollte, dass sie glücklich ist, ging der Fischer wieder ans Meer und rief den Fisch. Der Fisch kam und der Mann erzählte ihm von dem Wunsch seiner Frau. „Kein Problem", antwortete der Fisch, „Geh nach Hause. Deine Frau sitzt schon im neuen Schloss." Und er ging nach Hause und wo vorher sein Haus stand, stand jetzt ein großes Schloss. Im Schloss waren viele Menschen, die für den Fischer und seine Frau arbeiteten. Sie waren ihre Diener. Alles war voll mit teuren Dingen, Juwelen, Diamanten und Gold. „Jetzt können wir glücklich und zufrieden leben und alt werden.", sagte der Fischer zu seiner Frau. „Wir werden sehen.", antwortete die Frau. Der Mann und die Frau wohnten ein paar Wochen in ihrem neuen Schloss und waren zufrieden. Eines Morgens kam die Frau zu ihrem Mann und sagte: „Sieh nach draußen. Siehst du das Land um uns herum? Ich möchte Königin sein. Und du sollst mein König sein. Geh zum Fisch und wünsch dir ein König zu sein."

Fragen:

1. Wie lange wohnten der Mann und die Frau in ihrem neuen Haus?

2. Waren sie zufrieden in den paar Wochen?

3. Wann kam die Frau schließlich zu ihrem Mann?

4. Was sagte sie über das Haus?

5. Was wäre viel schöner?

6. Was hätten der Fischer und seine Frau in einem Schloss?

7. Was möchte die Frau? Was soll ihr Mann machen?

8. Was soll sich der Fischer vom Fisch wünschen?

9. Warum ging der Fischer ans Meer und rief den Fisch?

10. Was machte der Fischer, weil er seine Frau sehr liebte?

11. Kam der Fisch, als der Fischer ihn rief?

12. Was erzählte ihm der Fischer?

13. War der Wunsch der Frau ein Problem für den Fisch?

14. Was sagte der Fisch dem Fischer? Wo sitzt die Frau schon?

15. Was machte der Fischer?

16. Was stand an dem Ort, wo vorher sein Haus stand?

17. Was gab es im Schloss?

18. Was machten die vielen Menschen im Schloss?

19. Sie arbeiteten für den Fischer und seiner Frau. Was waren sie also?

20. Gab es auch Schätze und wertvolle Dinge im Schloss?

21. Was dachte der Fischer, wie können er und seine Frau jetzt leben?

22. Was war die Antwort der Frau auf diesen Satz?

23. Wie lange wohnte der Mann und die Frau in ihrem neuen Schloss und waren zufrieden?

24. Was sagte die Frau eines Morgens zu ihrem Mann? Wohin sollte er sehen?

25. Was wollte die Frau, dass der Mann sieht? Was gab es um das Schloss herum?

26. Was möchte die Frau jetzt plötzlich sein?

27. Was soll der Fischer jetzt sein?

28. Was soll der Fischer machen, damit seine Frau Königin und er König sein können?

Lösungen:

1. Wie lange wohnten der Mann und die Frau in ihrem neuen Haus?

Sie wohnten ein paar Wochen in ihrem neuen Haus.

2. Waren sie zufrieden in den paar Wochen?

Ja, sie waren zufrieden.

3. Wann kam die Frau schließlich zu ihrem Mann?

Eines Morgens kam die Frau schließlich zu ihrem Mann.

4. Was sagte sie über das Haus?

Sie sagte: „Das Haus ist etwas zu klein."

5. Was wäre viel schöner?

Ein Schloss wäre viel schöner.

6. Was hätten der Fischer und seine Frau in einem Schloss?

Sie hätten viel mehr Möglichkeiten.

7. Was möchte die Frau? Was soll ihr Mann machen?

„Geh noch mal ans Meer und ruf den Fisch!"

8. Was soll sich der Fischer vom Fisch wünschen?

Er soll sich ein Schloss vom Fisch wünschen.

9. Warum ging der Fischer ans Meer und rief den Fisch?

Weil er seine Frau sehr liebte und wollte, dass sie glücklich ist, ging der Fischer wieder ans Meer und rief den Fisch.

10. Was machte der Fischer, weil er seine Frau sehr liebte?

Er ging wieder ans Meer und rief den Fisch.

11. Kam der Fisch, als der Fischer ihn rief?

Ja, der Fisch kam.

12. Was erzählte ihm der Fischer?

Der Fischer erzählte ihm von dem Wunsch seiner Frau.

13. War der Wunsch der Frau ein Problem für den Fisch?

Nein, der Wunsch war kein Problem.

14. Was sagte der Fisch dem Fischer? Wo sitzt die Frau schon?

Er sagte: „Geh nach Hause. Deine Frau sitzt schon im neuen Schloss."

15. Was machte der Fischer?

Er ging nach Hause.

16. Was stand an dem Ort, wo vorher sein Haus stand?

Wo vorher sein Haus stand, stand jetzt ein großes Schloss.

17. Was gab es im Schloss?

Im Schloss waren viele Menschen.

18. Was machten die vielen Menschen im Schloss?

Sie arbeiteten für den Fischer und seine Frau.

19. Sie arbeiteten für den Fischer und seiner Frau. Was waren sie also?

Sie waren ihre Diener.

20. Gab es auch Schätze und wertvolle Dinge im Schloss?

Ja, alles war voll mit teuren Dingen, Juwelen, Diamanten und Gold.

21. Was dachte der Fischer, wie können er und seine Frau jetzt leben?

„Jetzt können wir glücklich und zufrieden leben und alt werden.", sagte der Fischer zu seiner Frau.

22. Was war die Antwort der Frau auf diesen Satz?

„Wir werden sehen.", antwortete die Frau.

23. Wie lange wohnte der Mann und die Frau in ihrem neuen Schloss und waren zufrieden?

Sie wohnte ein paar Wochen in ihrem neuen Schloss und waren zufrieden.

24. Was sagte die Frau eines Morgens zu ihrem Mann? Wohin sollte er sehen?

„Sieh nach draußen.", sagte die Frau.

25. Was wollte die Frau, dass der Mann sieht? Was gab es um das Schloss herum?

„Siehst du das Land um uns herum?", sagte die Frau.

26. Was möchte die Frau jetzt plötzlich sein?

„Ich möchte Königin sein."

27. Was soll der Fischer jetzt sein?

„Und du sollst mein Königin sein."

28. Was soll der Fischer machen, damit seine Frau Königin und er König sein können?

„Geh zum Fisch und wünsch dir ein König zu sein."

Teil 3

Weil er seine Frau sehr liebte und wollte, dass sie glücklich ist, ging der Fischer wieder ans Meer und rief den Fisch. Der Fisch kam und der Mann erzählte ihm von dem Wunsch seiner Frau. „Kein Problem", antwortete der Fisch, „Geh nach Hause. Deine Frau ist jetzt eine Königin." Der Fischer ging nach Hause und dort saß seine Frau auf einem riesigen Thron mit einer Krone auf dem Kopf. „Bist du jetzt glücklich?", fragte der Fischer. „Nein, Königin ist nicht genug! Wenn ich Königin sein kann, dann kann ich auch Kaiserin sein!", schrie die Frau. Sie war verrückt geworden. Der Fischer wollte nicht ans Meer gehen und den Fisch fragen. Er fühlte, dass dieser Wunsch ein Wunsch zu viel war. „Geh nach Hause, deine Frau ist schon Kaiserin.", sagte der Fisch. Und die Frau saß in einem riesigen Schloss und war Kaiserin. „Bist du jetzt endlich glücklich?", fragte der Fischer verzweifelt. „Nein, ich kann Königin sein, ich kann Kaiserin sein, der Fisch kann mich wie den lieben Gott machen. Geh schnell zum Fisch und wünsch dir, dass er mich wie den lieben Gott macht.", befahl die Frau. „Das ist nicht in Ordnung.", dachte der Fischer, „Schon ihr Wunsch Kaiser zu sein war zu viel. Der Fisch wird dieses Spiel nicht mehr mitspielen und sehr böse werden." Trotzdem ging er ans Meer und rief den Fisch. „Kein Problem", sagte der Fisch, „deine Frau sitzt schon wieder in ihrer Fischerhütte." Und der Fisch verschwand und der Fischer sah ihn nie wieder. Der Fischer aber ging nach Hause und war glücklich und zufrieden, dass sein Leben wieder normal war.

Fragen:

1. Warum ging der Fischer ans Meer und rief den Fisch?

2. Was machte der Fischer, weil er seine Frau sehr liebte?

3. Kam der Fisch, als der Fischer ihn rief?

4. Was erzählte ihm der Fischer?

5. War der Wunsch der Frau ein Problem für den Fisch?

6. Was sagte der Fisch dem Fischer? Wo sitzt die Frau schon?

7. Wohin ging der Fischer nach dem Gespräch mit dem Fisch?

8. Als er im Schloss ankam, wo saß die Frau?

9. Was hatte sie auf dem Kopf?

10. Was wollte der Fischer von seiner Frau wissen? Was hoffte er, dass sie endlich ist?

11. War die Frau jetzt endlich glücklich? Oder war Königin zu sein immer noch nicht genug?

12. Was schrie die Frau jetzt? Wenn sie Königin sein kann, was kann sie auch sein?

13. Was war mit der Frau passiert? Was war sie geworden?

14. Wollte der Fischer ans Meer gehen und den Fisch fragen?

15. Was dachte er über diesen neuen Wunsch seiner Frau? Was fühlte er?

16. Aber was antwortete ihm der Fisch?

17. Wo saß die Frau, als der Fischer nach Hause kam?

18. Was fragte der Fischer verzweifelt?

19. War die Frau endlich glücklich? War Kaiserin zu sein genug?

20. Wer will die Frau jetzt sein? Oder besser gesagt, wie will sie jetzt sein?

21. Was befahl die Frau dem Fischer?

22. Was dachte der Fischer über diesen Wunsch?

23. Was war seiner Meinung nach schon zu viel?

24. Was wird der Fisch nicht mehr mitspielen?

25. Was wird der Fisch werden?

26. Aber was machte der Fischer trotzdem?

27. Wie reagierte der Fisch dieses Mal auf den Wunsch des Fischers?

28. Was machte der Fisch, nachdem er diesen letzten Wunsch des Fischers erfüllt hatte?

29. Sah der Fischer den Fisch jemals wieder?

30. Und der Fischer? Was machte er? Wie fühlte er sich? War er glücklich und zufrieden am Ende?

Lösungen:

1. Warum ging der Fischer ans Meer und rief den Fisch?

Weil er seine Frau sehr liebte und wollte, dass sie glücklich ist, ging der Fischer wieder ans Meer und rief den Fisch.

2. Was machte der Fischer, weil er seine Frau sehr liebte?

Er ging wieder ans Meer und rief den Fisch.

3. Kam der Fisch, als der Fischer ihn rief?

Ja, der Fisch kam.

4. Was erzählte ihm der Fischer?

Der Fischer erzählte ihm von dem Wunsch seiner Frau.

5. War der Wunsch der Frau ein Problem für den Fisch?

Nein, der Wunsch war kein Problem.

6. Was sagte der Fisch dem Fischer? Wo sitzt die Frau schon?

Er sagte: „Geh nach Hause. Deine Frau ist jetzt Königin."

7. Wohin ging der Fischer nach dem Gespräch mit dem Fisch?

Er ging nach Hause.

8. Als er im Schloss ankam, wo saß die Frau?

Als er im Schloss ankam, saß seine Frau auf einem riesigen Thron.

9. Was hatte sie auf dem Kopf?

Sie hatte eine Krone auf dem Kopf.

10. Was wollte der Fischer von seiner Frau wissen? Was hoffte er, dass sie endlich ist?

„Bist du jetzt endlich glücklich?", fragte der Fischer.

11. War die Frau jetzt endlich glücklich? Oder war Königin zu sein immer noch nicht genug?

Nein, Königin zu sein war nicht genug.

12. Was schrie die Frau jetzt? Wenn sie Königin sein kann, was kann sie auch sein?

Wenn ich Königin sein kann, dann kann ich auch Kaiserin sein!", schrie die Frau.

13. Was war mit der Frau passiert? Was war sie geworden?

Sie war verrückt geworden.

14. Wollte der Fischer ans Meer gehen und den Fisch fragen?

Nein, der Fischer wollte nicht ans Meer gehen und den Fisch fragen.

15. Was dachte er über diesen neuen Wunsch seiner Frau? Was fühlte er?

Er fühlte, dass dieser Wunsch ein Wunsch zu viel war.

16. Aber was antwortete ihm der Fisch?

„Geh nach Hause, deine Frau ist schon Kaiserin.", sagte der Fisch.

17. Wo saß die Frau, als der Fischer nach Hause kam?

Die Frau saß in einem riesigen Schloss und war Kaiserin.

18. Was fragte der Fischer verzweifelt?

„Bist du jetzt endlich glücklich?", fragte der Fischer verzweifelt.

19. War die Frau endlich glücklich? War Kaiserin zu sein genug?

„Nein, ich kann Königin sein, ich kann Kaiserin sein, der Fisch kann mich wie den lieben Gott machen."

20. Wer will die Frau jetzt sein? Oder besser gesagt, wie will sie jetzt sein?

Sie will wie der liebe Gott sein.

21. Was befahl die Frau dem Fischer?

„Geh schnell zum Fisch und wünsch dir, dass er mich wie den lieben Gott macht."

22. Was dachte der Fischer über diesen Wunsch?

„Das ist nicht in Ordnung.", dachte der Fischer.

23. Was war seiner Meinung nach schon zu viel?

„Schon ihr Wunsch Kaiser zu sein war zu viel."

24. Was wird der Fisch nicht mehr mitspielen?

Der Fisch wird dieses Spiel nicht mehr mitspielen."

25. Was wird der Fisch werden?

Der Fisch wird sehr böse werden.

26. Aber was machte der Fischer trotzdem?

Trotzdem ging er ans Meer und rief den Fisch.

27. Wie reagierte der Fisch dieses Mal auf den Wunsch des Fischers?

„Kein Problem", sagte der Fisch, „deine Frau sitzt schon wieder in ihrer Fischerhütte."

28. Was machte der Fisch, nachdem er diesen letzten Wunsch des Fischers erfüllt hatte?

Der Fisch verschwand.

29. Sah der Fischer den Fisch jemals wieder?

Nein, der Fischer sah ihn niemals wieder.

30. Und der Fischer? Was machte er? Wie fühlte er sich? War er glücklich und zufrieden am Ende?

Der Fischer aber ging nach Hause und war glücklich und zufrieden, dass sein Leben wieder normal war.

Coyote stellt die Sterne auf
Teil 1

Es waren einmal fünf Wölfe. Die Wölfe waren Brüder und wanderten zusammen durch die Prärie, um Futter zu finden. Wenn sie ein Tier gefangen hatten, dann teilten sie die Beute normalerweise mit einem Coyoten. Eines Tages beobachtete der Coyote, wie die Wölfe für eine lange Zeit zum Himmel hinauf sahen. „Was findet ihr so interessant, dass ihr für so lange Zeit zum Himmel hinauf seht?", fragte er die Wölfe. „Nichts Besonderes.", antwortete der älteste Wolf. „Nichts Wichtiges.", antwortete der zweitälteste Wolf. Keiner der fünf Wölfe wollte dem Coyoten verraten, was es Interessantes am Himmel zu sehen gab. Sie hatten nämlich Angst, dass er sich in ihre Angelegenheiten einmischen könnte. Es vergingen einige Tage und jeden Abend fragte der Coyote wieder, was die Wölfe im Himmel beobachten würden. Eines Nachts bat der Coyote den jüngsten Wolf um eine Antwort. „Sagen wir es dem Coyoten. Er wird sicher keine Probleme machen.", sagte der jüngste Wolf zu den anderen Wölfen. Die anderen Wölfe stimmten zu und der jüngste Wolf erzählte dem Coyoten: „Wir sehen dort oben im Himmel zwei Tiere. Aber sie sind sehr weit entfernt. Deshalb können wir sie nicht besuchen." „Ich weiß, wie wir zu den Tieren kommen können. Das ist ganz einfach. Vertraut mir. Ich werde euch den Weg zeigen, um die Tiere zu besuchen.", versprach der Coyote.

Fragen:

1. Es waren einmal fünf Tiere. Welche Tiere waren es?

2. Waren die fünf Wölfe aus der gleichen Familie?

3. Was machten sie zusammen?

4. Warum wanderten sie zusammen durch die Prärie?

5. Mit wem teilten sie normalerweise ihre Beute, wenn sie ein Tier gefangen hatten?

6. Wann teilten sie normalerweise ihre Beute mit einem Coyoten?

7. Was teilten sie normalerweise mit dem Coyoten?

8. Was beobachtete der Coyote eines Tages?

9. Wohin sahen die Wölfe für eine lange Zeit?

10. Der Coyote fand diese Beobachtung interessant. Was fragte er die Wölfe deshalb?

11. Was antwortete der älteste Wolf?

12. Was antwortete der zweitälteste Wolf?

13. Wollte einer der fünf Wölfe dem Coyoten verraten, was es Interessantes am Himmel zu sehen gab?

14. Was wollte keiner der fünf Wölfe dem Coyoten verraten?

15. Wovor hatten sie nämlich Angst?

16. In was könnte sich der Coyote einmischen?

17. Wie viele Tage vergingen?

18. Was machte der Coyote jeden Abend wieder?

19. Wen bat der Coyote eines Tages um eine Antwort?

20. Wie reagierte der jüngste Wolf? Wollte er es ihm erzählen?

21. Was sagte der jüngste Wolf zu den anderen Wölfen? Was würde der Coyote sicher nicht machen?

22. Waren die anderen Wölfe einverstanden? Stimmten sie zu?

23. Wer erzählte dem Coyoten die Geschichte?

24. Was sehen die Wölfe dort oben am Himmel?

25. Was ist das Problem mit den zwei Tieren?

26. Was können die Wölfe deshalb nicht machen?

27. Hat der Coyote eine Idee, wie die Wölfe die Tiere besuchen können?

28. Ist das schwierig?

29. Was sollen die Wölfe machen?

30. Was versprach ihnen der Coyote? Was wird er den Wölfen zeigen?

Lösungen:

1. Es waren einmal fünf Tiere. Welche Tiere waren es?

Es waren einmal fünf Wölfe.

2. Waren die fünf Wölfe aus der gleichen Familie?

Ja, sie waren Brüder.

3. Was machten sie zusammen?

Sie wanderten zusammen durch die Prärie.

4. Warum wanderten sie zusammen durch die Prärie?

Sie wanderten zusammen durch die Prärie, um Futter zu finden.

5. Mit wem teilten sie normalerweise ihre Beute, wenn sie ein Tier gefangen hatten?

Wenn sie ein Tier gefangen hatten, dann teilten sie die Beute normalerweise mit einem Coyoten.

6. Wann teilten sie normalerweise ihre Beute mit einem Coyoten?

Sie teilten ihre Beute mit einem Coyoten, wenn sie ein Tier gefangen hatten.

7. Was teilten sie normalerweise mit dem Coyoten?

Sie teilten ihre Beute mit dem Coyoten.

8. Was beobachtete der Coyote eines Tages?

Eines Tages beobachtete der Coyote, wie die Wölfe für eine lange Zeit zum Himmel hinauf sahen.

9. Wohin sahen die Wölfe für eine lange Zeit?

Die Wölfe sahen für eine lange Zeit zum Himmel hinauf.

10. Der Coyote fand diese Beobachtung interessant. Was fragte er die Wölfe deshalb?

„Was findet ihr so interessant, dass ihr für so lange Zeit zum Himmel hinauf seht?", fragte er die Wölfe.

11. Was antwortete der älteste Wolf?

„Nichts Besonderes.", antwortete der älteste Wolf.

12. Was antwortete der zweitälteste Wolf?

„Nichts Wichtiges.", antwortete der zweitälteste Wolf.

13. Wollte einer der fünf Wölfe dem Coyoten verraten, was es Interessantes am Himmel zu sehen gab?

Nein, keiner der fünf Wölfe wollte dem Coyoten verraten, was es Interessantes am Himmel zu sehen gab.

14. Was wollte keiner der fünf Wölfe dem Coyoten verraten?

Keiner wollte ihm verraten, was es Interessantes am Himmel zu sehen gab.

15. Wovor hatten sie nämlich Angst?

Sie hatten nämlich Angst, dass der Coyote sich in ihre Angelegenheiten einmischen könnte.

16. In was könnte sich der Coyote einmischen?

Er könnte sich in ihre Angelegenheiten einmischen.

17. Wie viele Tage vergingen?

Es vergingen einige Tage.

18. Was machte der Coyote jeden Abend wieder?

Jeden Abend fragte der Coyote wieder, was die Wölfe im Himmel beobachten würden.

19. Wen bat der Coyote eines Tages um eine Antwort?

Eines Nachts bat der Coyote den jüngsten Wolf um eine Antwort.

20. Wie reagierte der jüngste Wolf? Wollte er es ihm erzählen?

Ja, er wollte es ihm erzählen. Er sagte: „Sagen wir es dem Coyoten."

21. Was sagte der jüngste Wolf zu den anderen Wölfen? Was würde der Coyote sicher nicht machen?

Er wird sicher keine Probleme machen.", sagte der jüngste Wolf zu den anderen Wölfen.

22. Waren die anderen Wölfe einverstanden? Stimmten sie zu?

Ja, die anderen Wölfe stimmten zu.

23. Wer erzählte dem Coyoten die Geschichte?

Der jüngste Wolf erzählte dem Wolf die Geschichte.

24. Was sehen die Wölfe dort oben am Himmel?

Die Wölfe sehen oben am Himmel zwei Tiere.

25. Was ist das Problem mit den zwei Tieren?

Die Tiere sind weit entfernt.

26. Was können die Wölfe deshalb nicht machen?

Deshalb können die Wölfe sie nicht besuchen.

27. Hat der Coyote eine Idee, wie die Wölfe die Tiere besuchen können?

Ja, er weiß, wie sie zu den Tieren kommen können.

28. Ist das schwierig?

Nein, das ist ganz einfach.

29. Was sollen die Wölfe machen?

Sie sollen ihm vertrauen.

30. Was versprach ihnen der Coyote? Was wird er den Wölfen zeigen?

Ich werde euch den Weg zeigen, um die Tiere zu besuchen.", versprach der Coyote.

Teil 2

Der Coyote ging zu seinem Versteck und suchte alle Pfeile, die er über die Jahre in der Wüste gefunden hatte. Dann schoss er den ersten Pfeil in den Himmel. Der Pfeil blieb im Himmel stecken und der Coyote schoss den zweiten Pfeil Richtung Himmel. Dieser Pfeil blieb im ersten Pfeil stecken. Dies wiederholte er viele Male. Am Ende hatte er eine Leiter mit den Pfeilen gebaut, die bis zum Boden hinunter reichte. Er hatte einen Weg von der Erde zum Himmel mit seinen Pfeilen gebaut. „Wir können jetzt zu den Tieren hinaufsteigen. Keine Angst, die Leiter ist stabil und sicher.", sagte der Wolf. Der älteste Wolf nahm seinen Hund mit und alle zusammen begannen die Leiter hoch zu klettern. Der Weg war lang und es dauerte viele Tage und Nächte bis sie endlich im Himmel angekommen waren. Die Tiere, die die Wölfe von der Erde aus gesehen hatten, waren Grizzlybären. „Geht nicht so nah an die Bären heran. Sie sind gefährlich und werden euch in Stücke reißen.", warnte der Coyote. Aber die vier jüngsten Wölfe waren schon zu den Bären hingelaufen. Sie hatte die Bären für solange Zeit beobachtet, dass sie ihnen wie alte Bekannte vorkamen. Die Wölfe sahen die Bären an und die Bären sahen die Wölfe an. Nichts passierte. Nun verlor auch der älteste Wolf seine Furcht und näherte sich den Bären. Nichts passierte. So saßen sie gemeinsam im Himmel, die zwei Bären, die fünf Wölfe und der Hund und sahen sich an.

Fragen:

1. Wohin ging der Coyote?

2. Was hatte der Coyote in seinem Versteck versteckt? Was suchte er dort?

3. Wo hatte er die Pfeile gefunden, die er suchte?

4. Was machte er dann mit dem ersten Pfeil?

5. Was passierte mit dem Pfeil? Wo blieb der Pfeil stecken?

6. Was machte der Coyote mit dem zweiten Pfeil?

7. Wo blieb der zweite Pfeil stecken?

8. Wie oft wiederholte er das?

9. Was hatte er am Ende mit den Pfeilen gebaut?

10. Wohin reichte diese Leiter?

11. Was hatte er von der Erde zum Himmel mit seinen Pfeilen gebaut?

12. Von wo nach wo hatte er einen Weg gebaut?

13. Was sagte der Coyote? Was konnten die Wölfe und er jetzt machen?

14. Wie ist die Leiter? Warum müssen die Wölfe keine Angst haben?

15. Wen nahm der älteste Wolf mit?

16. Was begannen dann alle zusammen zu machen?

17. War der Weg lang oder kurz?

18. Wie lange dauerte der Weg?

19. Wo waren sie nach vielen Tagen und Nächten endlich angekommen?

20. Was waren die Tiere, die die Wölfe von der Erde aus gesehen hatten?

21. Wovor warnte der Coyote? Was sollten die Wölfe nicht machen?

22. Warum sollten die Wölfe nicht so an die Bären heran gehen?

23. Aber die vier jüngsten Wölfe hörten die Warnung nicht. Warum hörten sie sie nicht?

24. Wie kamen die Bären ihnen vor, weil sie sie schon so lange beobachtet hatten?

25. Warum kamen die Bären wie alte Bekannte vor?

26. Wie reagierten die Wölfe und die Bären, als sie sich das erste Mal trafen?

27. War die Situation gefährlich? Passierte etwas?

28. Was verlor nun auch der älteste Wolf?

29. Was machte der älteste Wolf, weil er seine Furcht verloren hatte?

30. Passierte dieses Mal etwas?

31. Wie war die Situation? Wie kann man die Szene im Himmel beschreiben?

Lösungen:

1. Wohin ging der Coyote?

Der Coyote ging zu seinem Versteck.

2. Was hatte der Coyote in seinem Versteck versteckt? Was suchte er dort?

Er suchte Pfeile.

3. Wo hatte er die Pfeile gefunden, die er suchte?

Er suchte alle Pfeile, die er über Jahre in der Wüste gefunden hatte.

4. Was machte er dann mit dem ersten Pfeil?

Er schoss den ersten Pfeil Richtung Himmel.

5. Was passierte mit dem Pfeil? Wo blieb der Pfeil stecken?

Der Pfeil blieb im Himmel stecken.

6. Was machte der Coyote mit dem zweiten Pfeil?

Er schoss auch den zweiten Pfeil Richtung Himmel.

7. Wo blieb der zweite Pfeil stecken?

Der zweite Pfeil blieb im ersten Pfeil stecken.

8. Wie oft wiederholte er das?

Dies wiederholte er viele Male.

9. Was hatte er am Ende mit den Pfeilen gebaut?

Am Ende hatte er eine Leiter mit den Pfeilen gebaut.

10. Wohin reichte diese Leiter?

Die Leiter reichte bis zum Boden hinunter.

11. Was hatte er von der Erde zum Himmel mit seinen Pfeilen gebaut?

Er hatte einen Weg von der Erde zum Himmel mit seinem Pfeilen gebaut.

12. Von wo nach wo hatte er einen Weg gebaut?

Von der Erde zum Himmel hatte er einen Weg gebaut.

13. Was sagte der Coyote? Was konnten die Wölfe und er jetzt machen?

„Wir können jetzt zu den Tieren hinaufsteigen."

14. Wie ist die Leiter? Warum müssen die Wölfe keine Angst haben?

Die Leiter ist stabil und sicher. Deshalb müssen die Wölfe keine Angst haben.

15. Wen nahm der älteste Wolf mit?

Der älteste Wolf nahm seinen Hund mit.

16. Was begannen dann alle zusammen zu machen?

Alle zusammen begannen, die Leiter hoch zu klettern.

17. War der Weg lang oder kurz?

Der Weg war lang.

18. Wie lange dauerte der Weg?

Der Weg dauerte viele Tage und Nächte.

19. Wo waren sie nach vielen Tagen und Nächten endlich angekommen?

Sie waren endlich im Himmel angekommen.

20. Was waren die Tiere, die die Wölfe von der Erde aus gesehen hatten?

Die Tiere, die die Wölfe von der Erde aus gesehen hatten, waren Grizzlybären.

21. Wovor warnte der Coyote? Was sollten die Wölfe nicht machen?

„Geht nicht so nah an die Bären heran.", warnte der Coyote.

22. Warum sollten die Wölfe nicht so an die Bären heran gehen?

„Sie sind gefährlich und werden euch in Stücke reißen.", warnte der Coyote.

23. Aber die vier jüngsten Wölfe hörten die Warnung nicht. Warum hörten sie sie nicht?

Die vier jüngsten Wölfe waren schon zu den Bären hingelaufen.

24. Wie kamen die Bären ihnen vor, weil sie sie schon so lange beobachtet hatten?

Sie kamen ihnen wie alte Bekannte vor, weil sie sie schon so lange beobachtet hatten.

25. Warum kamen die Bären wie alte Bekannte vor?

Sie kamen ihnen wie alte Bekannte vor, weil sie sie schon so lange beobachtet hatten.

26. Wie reagierten die Wölfe und die Bären, als sie sich das erste Mal trafen?

Die Wölfe sahen die Bären an und die Bären sahen die Wölfe an.

27. War die Situation gefährlich? Passierte etwas?

Nein, die Situation war nicht gefährlich. Nichts passierte.

28. Was verlor nun auch der älteste Wolf?

Nun verlor auch der älteste Wolf seine Furcht.

29. Was machte der älteste Wolf, weil er seine Furcht verloren hatte?

Er näherte sich den Bären.

30. Passierte dieses Mal etwas?

Nichts passierte.

31. Wie war die Situation? Wie kann man die Szene im Himmel beschreiben?

So saßen sie gemeinsam im Himmel, die zwei Bären, die fünf Wölfe und der Hund und sahen sich an.

Teil 3

Aber der Coyote wollte sich nicht nähern. Er traute den Bären nicht und wollte in sicherer Entfernung bleiben. „Es ist ein wunderschönes Bild, wie die verschiedenen Tiere dort sitzen, in Frieden und Harmonie. Ich glaube, ich werde sie dort sitzen lassen. Dann können die Menschen sie immer am Himmel beobachten und eine Geschichte über mich erzählen. Sie werden mich als den Künstler feiern, der dieses schöne Bild erschaffen hat.", dachte der Coyote und machte sich auf den Weg nach Hause. Während er zurück auf die Erde kletterte, zog er einen Pfeil nach dem anderen aus der Leiter. Nun gab es keinen Rückweg mehr für die Wölfe. Als er auf der Erde angekommen war, bewunderte er das neue Bild am Himmel. „Ein Meisterwerk, ein wahrhaftiges Meisterwerk.", dachte er stolz. Heute kann man dieses Bild immer noch am Himmel sehen. Es heißt 'großer Bär' und wenn man genau hinsieht, erkennt man die Wölfe und den Hund. Dem Coyoten gefiel sein Bild so gut, dass er beschloss mehr Bilder zu machen. Und so stieg er wieder zum Himmel hinauf und machte mehr Bilder. Als er fertig war, rief er seinen Freund, den Vogel. „Wenn ich gestorben bin, erzähl allen Menschen und Tieren, dass ich diese Bilder im Himmel geschaffen habe. So wird die Welt mich nicht vergessen und mich für immer in Erinnerung behalten."

Fragen:

1. Was wollte der Coyote nicht machen?

2. Warum wollte der Coyote sich nicht nähern?

3. Wo wollte er bleiben, weil er den Bären nicht traute?

4. Wie fand der Coyote das Bild, dass er vor sich sah?

5. Was war ein wunderschönes Bild?

6. Wie saßen die Tiere da?

7. Was dachte sich der Coyote?

8. Was können die Menschen dann machen, wenn der Coyote sie dort sitzen lässt?

9. Wo können die Menschen die Tiere beobachten?

10. Was können sie über den Coyoten erzählen?

11. Als was werden sie den Coyoten feiern?

12. Als den Künstler, der was erschaffen hat, werden sie den Coyoten feiern?

13. Was machte der Coyote deshalb?

14. Während er zurück auf die Erde kletterte, was machte der Coyote mit den Pfeilen?

15. Was gab es nun nicht mehr für die Wölfe?

16. Was bewunderte der Coyote, als er auf der Erde angekommen war?

17. Was dachte er stolz, während er das Bild am Himmel bewunderte?

18. Kann man dieses Bild heute immer noch sehen?

19. Wie heißt es?

20. Was erkennt man, wenn man genau hinsieht?

21. Was beschloss der Coyote, weil ihm das Bild so gut gefiel?

22. Was machte er deshalb?

23. Wen rief er, als er fertig war?

24. Warum rief er den Vogel?

25. Was wird die Welt nicht machen, wenn der Vogel ihr die Geschichten über die Bilder erzählt?

Lösungen:

1. Was wollte der Coyote nicht machen?

Der Coyote wollte sich nicht nähern.

2. Warum wollte der Coyote sich nicht nähern?

Er traute den Bären nicht.

3. Wo wollte er bleiben, weil er den Bären nicht traute?

Er wollte in sicherer Entfernung bleiben.

4. Wie fand der Coyote das Bild, dass er vor sich sah?

„Es ist ein wunderschönes Bild."

5. Was war ein wunderschönes Bild?

„Es ist ein wunderschönes Bild, wie die verschiedenen Tiere dort sitzen."

6. Wie saßen die Tiere da?

Die Tiere saßen da in Frieden und Harmonie.

7. Was dachte sich der Coyote?

„Ich glaube, ich werde sie dort sitzen lassen."

8. Was können die Menschen dann machen, wenn der Coyote sie dort sitzen lässt?

Dann können die Menschen sie immer am Himmel beobachten und eine Geschichte über mich erzählen.

9. Wo können die Menschen die Tiere beobachten?

Die Menschen können sie am Himmel beobachten.

10. Was können sie über den Coyoten erzählen?

Sie können eine Geschichte über den Coyoten erzählen.

11. Als was werden sie den Coyoten feiern?

Sie werden den Coyoten als Künstler feiern.

12. Als den Künstler, der was erschaffen hat, werden sie den Coyoten feiern?

Als den Künstler, der dieses schöne Bild erschaffen hat.

13. Was machte der Coyote deshalb?

Er machte sich auf den Weg nach Hause.

14. Während er zurück auf die Erde kletterte, was machte der Coyote mit den Pfeilen?

Er zog einen Pfeil nach dem anderen aus der Leiter, während er zurück auf die Erde kletterte.

15. Was gab es nun nicht mehr für die Wölfe?

Es gab nun keinen Rückweg mehr für die Wölfe.

16. Was bewunderte der Coyote, als er auf der Erde angekommen war?

Er bewunderte das neue Bild am Himmel, als er auf der Erde angekommen war.

17. Was dachte er stolz, während er das Bild am Himmel bewunderte?

„Ein Meisterwerk, ein wahrhaftiges Meisterwerk.", dachte er stolz.

18. Kann man dieses Bild heute immer noch sehen?

Heute kann man dieses Bild immer noch am Himmel sehen.

19. Wie heißt es?

Es heißt „großer Bär".

20. Was erkennt man, wenn man genau hinsieht?

Wenn man genau hinsieht, erkennt man die Wölfe und den Hund.

21. Was beschloss der Coyote, weil ihm das Bild so gut gefiel?

Er beschloss mehr Bilder zu machen, weil ihm das Bild so gut gefiel.

22. Was machte er deshalb?

Er stieg wieder zum Himmel hinauf und machte mehr Bilder.

23. Wen rief er, als er fertig war?

Er rief seinen Freund, den Vogel.

24. Warum rief er den Vogel?

„Wenn ich gestorben bin, erzähl allen Menschen und Tieren, dass ich diese Bilder im Himmel geschaffen habe."

25. Was wird die Welt nicht machen, wenn der Vogel ihr die Geschichten über die Bilder erzählt?

„So wird die Welt mich nicht vergessen und mich für immer in Erinnerung behalten."

Der Jaguar und der Regen
Teil 1

Vor vielen Jahren gab es ein Haus im Dschungel, in dem es immer sehr heiß und sehr ungemütlich war. Das Haus war immer voll mit Rauch, weil die Menschen abends ein großes Feuer anzündeten. Wegen dem Feuer konnten die Menschen nicht in ihrem Haus schlafen und deshalb hängten sie draußen vor dem Haus Hängematten auf. In diesen Hängematten schliefen sie dann und genossen die frische und kühle Luft. In der Nähe des Hauses lebte ein Jaguar. Abend für Abend beobachtete er das Haus. Er fand die Menschen sehr interessant. Ihre Art und Weise zu leben schien ihm sehr eigenartig und faszinierte ihn. Eines Abends traf er seinen Freund den Regen, während er gerade die Menschen beobachtete. „Was machst du hier, mein alter Freund?", fragte der Regen. „Ich beobachte die Menschen. Ich finde sie sehr interessant. Und wenn mir langweilig ist, mache ich ihnen Angst und lache, weil sie laut schreiend in ihr Haus hinein rennen.", antwortete der Jaguar. „Die Leute haben keine Angst vor einem Jaguar.", entgegnete der Regen. „Natürlich haben sie Angst vor mir. Ich bin eine gefährliche Raubkatze und wenn ich will, dann fresse ich sie alle zum Abendessen.", lachte der Jaguar. „Täusche dich nicht, mein Freund. Es könnte dich das Leben kosten", warnte ihn der Regen.

Fragen:

1. Was gab es vor vielen Jahren im Dschungel?

2. Wann gab es ein Haus im Dschungel?

3. Wie war es immer in diesem Haus?

4. Womit war das Haus immer voll?

5. Warum war das Haus immer voll mit Rauch?

6. Was zündeten die Menschen abends an?

7. Was konnten die Menschen wegen dem Feuer nicht machen?

8. Was hängten sie deshalb draußen vor dem Haus auf?

9. Wo hängten sie deshalb Hängematten auf?

10. Was machten die Menschen in diesen Hängematten?

11. Was genossen sie, während sie in den Hängematten schliefen?

12. Wer lebte in der Nähe des Hauses?

13. Was machte der Jaguar Abend für Abend?

14. Wie fand der Jaguar die Menschen?

15. Was schien ihm sehr eigenartig?

16. Was machte ihre Art und Weise mit dem Jaguar?

17. Wen traf der Jaguar eines Abends?

18. Was machte der Jaguar gerade, als er den Regen traf?

19. Was fragte der Regen den Jaguar?

20. Was antwortete der Jaguar? Was machte er gerade?

21. Warum beobachtete der Jaguar die Menschen?

22. Was machte der Jaguar, wenn ihm langweilig ist?

23. Warum lachte der Jaguar in dieser Situation, wenn die Menschen Angst hatten?

24. Was antwortete der Regen auf diese Geschichte?

25. Wie reagierte der Jaguar?

26. Warum haben die Menschen Angst vor dem Jaguar?

27. Was kann eine gefährliche Raubkatze mit den Menschen machen, wenn sie will?

28. Glaubte der Regen diese Geschichte? Denkt er, dass die Menschen Angst vor dem Jaguar haben?

Lösungen:

1. Was gab es vor vielen Jahren im Dschungel?

Vor vielen Jahren gab es ein Haus im Dschungel.

2. Wann gab es ein Haus im Dschungel?

Vor vielen Jahren gab es ein Haus im Dschungel.

3. Wie war es immer in diesem Haus?

In diesem Haus war es immer sehr heiß und sehr ungemütlich.

4. Womit war das Haus immer voll?

Das Haus war immer voll mit Rauch.

5. Warum war das Haus immer voll mit Rauch?

Das Haus war immer voll mit Rauch, weil die Menschen abends ein Feuer anzündeten.

6. Was zündeten die Menschen abends an?

Die Menschen zündeten abends ein Feuer an.

7. Was konnten die Menschen wegen dem Feuer nicht machen?

Wegen dem Feuer konnten die Menschen nicht in ihrem Haus schlafen.

8. Was hängten sie deshalb draußen vor dem Haus auf?

Deshalb hängten sie draußen vor dem Haus Hängematten auf.

9. Wo hängten sie deshalb Hängematten auf?

Sie hängten deshalb Hängematten draußen vor dem Haus auf.

10. Was machten die Menschen in diesen Hängematten?

In diesen Hängematten schliefen sie.

11. Was genossen sie, während sie in den Hängematten schliefen?

Sie genossen die frische und kühle Luft.

12. Wer lebte in der Nähe des Hauses?

In der Nähe des Hauses lebte ein Jaguar.

13. Was machte der Jaguar Abend für Abend?

Abend für Abend beobachtete er das Haus.

14. Wie fand der Jaguar die Menschen?

Der Jaguar fand die Menschen sehr interessant.

15. Was schien ihm sehr eigenartig?

Ihre Art und Weise zu leben schien ihm sehr eigenartig.

16. Was machte ihre Art und Weise mit dem Jaguar?

Ihre Art und Weise faszinierte ihn.

17. Wen traf der Jaguar eines Abends?

Eines Abends traf der Jaguar seinen Freund den Regen.

18. Was machte der Jaguar gerade, als er den Regen traf?

Er traf den Regen, während er gerade die Menschen beobachtete.

19. Was fragte der Regen den Jaguar?

„Was machst du hier, mein alter Freund?", fragte der Regen.

20. Was antwortete der Jaguar? Was machte er gerade?

„Ich beobachte die Menschen."

21. Warum beobachtete der Jaguar die Menschen?

„Ich finde sie sehr interessant."

22. Was machte der Jaguar, wenn ihm langweilig ist?

„Wenn mir langweilig ist, mache ich ihnen Angst."

23. Warum lachte der Jaguar in dieser Situation, wenn die Menschen Angst hatten?

„Ich lache, weil sie laut schreiend in das Haus hinein rennen."

24. Was antwortete der Regen auf diese Geschichte?

„Die Leute haben keine Angst vor einem Jaguar.", entgegnete der Regen.

25. Wie reagierte der Jaguar?

„Natürlich haben sie Angst vor mir.", antwortete der Jaguar.

26. Warum haben die Menschen Angst vor dem Jaguar?

„Ich bin eine gefährliche Raubkatze.", sagte der Jaguar.

27. Was kann eine gefährliche Raubkatze mit den Menschen machen, wenn sie will?

„Wenn ich will, dann fresse ich sie alle zum Abendessen.", lachte der Jaguar.

28. Glaubt der Regen diese Geschichte? Denkt er, dass die Menschen Angst vor dem Jaguar haben?

Nein, er glaubt die Geschichte nicht. „Täusche dich nicht, mein Freund. Es könnte dich das Leben kosten", warnte ihn der Regen.

Teil 2

„Ich werde dir zeigen, wie die Menschen rennen können. Geh zu ihrem Haus und höre, wie sie vor Angst schreien.", sagte der Jaguar. Der Regen ging also zu den Menschen und wartete auf das Gebrüll des Jaguars. Der Jaguar brüllte so laut und so furchterregend wie er konnte und wartete auf die Rückkehr des Regens. „Hörst du die große Katze? Morgen machen wir schöne Taschen aus seinem Fell.", sagte einer der Männer zu den anderen Männern. „Das wird ein schönes Geschenk für meine Frau. Morgen werden wir den Jaguar mit Pfeil und Bogen jagen.", antwortete der andere Mann. Der Regen kehrte zurück zum Jaguar und erzählte ihm, was er gehört hatte. „Sie haben keine Angst vor dir. Sie sagten, dass sie dich morgen mit Pfeil und Bogen jagen und Taschen aus deinem Fell machen werden. Sei sehr vorsichtig morgen! Verstecke dich gut! Und jetzt pass genau auf, ich werde dir zeigen, wie viel Angst die Menschen vor dem Regen haben! Geh zu den Menschen, versteck dich und hör zu!" Der Jaguar ging zu ein paar Büschen in der Nähe des Hauses und versteckte sich dahinter. Ein starker Wind fing an, zu wehen, Blitze erhellten den Himmel und lauter Donner erschütterte die Erde. Dann fing es an, immer stärker zu regnen. „Schnell, schnell, gehen wir in das Haus hinein. Der Regen kommt. Schützen wir uns vor dem Regen im Haus. Geht schnell nach drinnen!", riefen die Männer und rannten in das Haus hinein. „Hast du gesehen wie die Menschen Angst vor mir haben?", fragte der Regen den Jaguar.

Fragen:

1. Was will der Jaguar dem Regen zeigen?

2. Was soll der Regen machen?

3. Wohin ging der Regen also?

4. Auf was wartete der Regen bei den Menschen?

5. Wie brüllte der Jaguar?

6. Auf was wartete er danach?

7. Was sagte einer der Männer zu den anderen Männern? Was will er am nächsten Tag aus dem Fell der großen Katze machen?

8. Was wird die Tasche für die Frau des Mannes sein? Was sagte der Mann?

9. Wie will der Mann den Jaguar jagen?

10. Wohin ging der Regen, nachdem er den Mann gehört hatte?

11. Was erzählte er ihm?

12. Haben die Menschen Angst vor dem Jaguar? Was sagte der Regen?

13. Was sagten die Menschen? Was werden sie morgen mit dem Jaguar machen?

14. Was sagten die Menschen, was werden sie aus dem Fell des Jaguars machen?

15. Was sagte der Regen, was sollte der Jaguar morgen sein?

16. Was sagte der Regen, was sollte der Jaguar gut machen?

17. Was sagte der Regen, was soll der Jaguar jetzt genau machen?

18. Warum sollte der Jaguar genau aufpassen? Was sollte der Regen dem Jaguar zeigen?

19. Wohin soll der Jaguar gehen?

20. Was soll der Jaguar bei den Menschen machen?

21. Wohin ging der Jaguar?

22. Was machte er hinter den Büschen?

23. Was fing an, zu wehen?

24. Was erhellte den Himmel?

25. Was erschütterte die Erde?

26. Was fing danach an?

27. Was riefen die Männer? Wohin wollten sie schnell gehen?

28. Warum wollten sie schnell in das Haus hinein gehen?

29. Was wollen sie im Haus machen?

30. Was machten die Männer, um sich vor dem Regen zu schützen?

31. Was fragte der Regen den Jaguar?

Lösungen:

1. Was wollte der Jaguar dem Regen zeigen?

„Ich werde dir zeigen, wie die Menschen rennen können."

2. Was sollte der Regen machen?

„Geh zu ihrem Haus und höre, wie sie vor Angst schreien.", sagte der Jaguar.

3. Wohin ging der Regen also?

Der Regen ging also zu den Menschen.

4. Auf was wartete der Regen bei den Menschen?

Er wartete auf das Gebrüll des Jaguars.

5. Wie brüllte der Jaguar?

Der Jaguar brüllte so laut und so furchterregend wie er konnte.

6. Auf was wartete er danach?

Danach wartete er auf die Rückkehr des Regens.

7. Was sagte einer der Männer zu den anderen Männern? Was wollte er am nächsten Tag aus dem Fell der großen Katze machen?

„Hörst du die große Katze? Morgen machen wir schöne Taschen aus seinem Fell.", sagte einer der Männer zu den anderen Männern.

8. Was wird die Tasche für die Frau des Mannes sein? Was sagte der Mann?

„Das wird ein schönes Geschenk für meine Frau."

9. Wie will der Mann den Jaguar jagen?

„Morgen werden wir den Jaguar mit Pfeil und Bogen jagen werden."

10. Wohin ging der Regen, nachdem er den Mann gehört hatte?

Der Regen kehrte zurück zum Regen.

11. Was erzählte er ihm?

Er erzählte ihm, was er gehört hatte.

12. Haben die Menschen Angst vor dem Jaguar? Was sagte der Regen?

„Sie haben keine Angst vor dir.", sagte der Regen.

13. Was sagten die Menschen? Was werden sie morgen mit dem Jaguar machen?

„Sie sagten, dass sie dich morgen mit Pfeil und Bogen jagen werden."

14. Was sagten die Menschen, was werden sie aus dem Fell des Jaguars machen?

„Sie sagten, dass sie Taschen aus deinem Fell machen werden."

15. Was sagte der Regen, was sollte der Jaguar morgen sein?

„Sei sehr vorsichtig morgen!"

16. Was sagte der Regen, was sollte der Jaguar gut machen?

„Verstecke dich gut!"

17. Was sagte der Regen, was soll der Jaguar jetzt genau machen?

„Und jetzt pass genau auf."

18. Warum sollte der Jaguar genau aufpassen? Was sollte der Regen dem Jaguar zeigen?

„Ich werde dir zeigen, wie viel Angst die Menschen vor dem Regen haben!"

19. Wohin soll der Jaguar gehen?

„Geh zu den Menschen!"

20. Was soll der Jaguar bei den Menschen machen?

„Versteck dich und hör zu!"

21. Wohin ging der Jaguar?

Der Jaguar ging zu ein paar Büschen in der Nähe des Hauses.

22. Was machte er hinter den Büschen?

Er versteckte sich dahinter.

23. Was fing an, zu wehen?

Ein starker Wind fing an, zu wehen.

24. Was erhellte den Himmel?

Blitze erhellten den Himmel.

25. Was erschütterte die Erde?

Lauter Donner erschütterte die Erde.

26. Was fing danach an?

Danach fing es an, immer stärker zu regnen.

27. Was riefen die Männer? Wohin wollten sie schnell gehen?

„Schnell, schnell, gehen wir in das Haus hinein."

28. Warum wollten sie schnell in das Haus hinein gehen?

„Der Regen kommt."

29. Was wollen sie im Haus machen?

„ Schützen wir uns vor dem Regen im Haus."

30. Was machten die Männer, um sich vor dem Regen zu schützen?

Die Männer rannten schnell in das Haus hinein.

31. Was fragte der Regen den Jaguar?

„Hast du gesehen wie die Menschen Angst vor mir haben?", fragte der Regen den Jaguar.

Rumpelstilzchen
Teil 1

Es war einmal ein Müller, der war sehr arm und seine Familie hatte kaum etwas zu essen. Der Müller hatte eine wunderschöne Tochter. Eines Tages traf der Müller den König und erzählte ihm von seiner Tochter. Der Müller war ein Mann, der gern ein bisschen übertrieb und den Leuten erfundene Geschichten erzählte. Deshalb erzählte er dem König, dass seine Tochter aus Stroh Gold spinnen könne. Das gefiel dem König natürlich sehr gut und deshalb lud er den Müller und seine Tochter auf sein Schloss ein. Dort sollte die Tochter ihr Talent vorführen und aus Stroh Gold spinnen. Der König ließ ein ganzes Zimmer voll mit Stroh füllen und dort schloss er die Tochter ein. Er gab ihr eine Nacht, um aus dem vielen Stroh Gold zu machen. Sollte sie das nicht schaffen, würde der König sie töten lassen. Das Mädchen hatte aber keine Ahnung, wie man aus Stroh Gold macht und wurde von Stunde zu Stunde verzweifelter. Es fürchtete um sein Leben und weinte vor lauter Verzweiflung. Auf einmal ging die Tür auf und ein kleines Männchen kam in das Zimmer herein. „Warum bist du so traurig, liebes Mädchen?", fragte das kleine Männchen, „Hast du vielleicht Schmerzen? Brauchst du vielleicht Hilfe?" Das Mädchen erzählte ihm von seiner unlösbaren Aufgabe und davon, dass sie am nächsten Morgen sicher sterben würde. „Was gibst du mir, wenn ich dir helfe?", fragte das Männchen. Das Mädchen bot ihm ihr Halsband an und das Männchen akzeptierte. Er setzte sich an das Spinnrad und begann zu spinnen. Am Ende der Nacht war das ganze Zimmer voll mit Gold und das Männchen verabschiedete sich.

Fragen:

1. Welchen Beruf hatte der Protagonist?

2. Hatte der Müller viel Geld?

3. Hatte seine Familie genug zu essen?

4. Hatte der Müller Kinder?

5. War die Tochter schön?

6. Wen traf der Müller eines Tages?

7. Von wem erzählte der Müller dem König?

8. Was für ein Typ Mann war der Müller?

9. Was bedeutet das, er übertrieb gerne?

10. Was erzählte er dem König deshalb?

11. Aus welchem Material konnte die Tochter Gold spinnen?

12. Gefiel die Geschichte dem König?

13. Was machte der König deshalb?

14. Wohin lud er den Müller und seine Tochter ein?

15. Was sollte die Tochter im Schloss vorführen?

16. Welches Talent sollte sie vorführen? Was sollte sie machen?

17. Mit was ließ der König ein ganzes Zimmer füllen?

18. Was machte der König mit der Tochter?

19. Wie lange gab der König der Tochter, um aus dem vielen Stroh Gold zu machen?

20. Was würde der König mit der Tochter machen, wenn sie es nicht schaffen sollte, aus Stroh Gold zu machen?

21. Hatte das Mädchen eine Ahnung, wie man aus Stroh Gold macht?

22. Was wurde es deshalb von Stunde zu Stunde?

23. Warum wurde es von Stunde zu Stunde verzweifelter? Um was fürchtete es?

24. Warum weinte es?

25. Was ging auf einmal auf?

26. Wer kam in das Zimmer herein?

27. Was fragte das kleine Männchen?

28. Was denkt das Männchen, was das Mädchen vielleicht hat?

29. Was denkt das Männchen, was das Mädchen vielleicht braucht?

30. Wovon erzählte ihm das Mädchen? Von welcher Aufgabe erzählte es dem Männchen?

31. Was erzählte das Mädchen dem Männchen noch? Was würde es sicher am nächsten Morgen machen?

32. Was fragte das Männchen, nachdem es die Geschichte gehört hatte?

33. Was bot ihm das Mädchen an?

34. War das Männchen einverstanden? Akzeptierte es?

35. Wohin setzte sich das Männchen?

36. Was begann es zu machen?

37. Womit war das Zimmer am Ende der Nacht voll?

38. Was machte das Männchen am Ende der Nacht?

Lösungen:

1. Welchen Beruf hatte der Protagonist?

Der Protagonist war ein Müller.

2. Hatte der Müller viel Geld?

Nein, der Müller hatte nicht viel Geld. Er war sehr arm.

3. Hatte seine Familie genug zu essen?

Nein, seine Familie hatte nicht genug zu essen. Sie hatte kaum etwas zu essen.

4. Hatte der Müller Kinder?

Ja, er hatte eine Tochter.

5. War die Tochter schön?

Die Tochter war wunderschön.

6. Wen traf der Müller eines Tages?

Eines Tages traf der Müller den König.

7. Von wem erzählte der Müller dem König?

Der Müller erzählte dem König von seiner Tochter.

8. Was für ein Typ Mann war der Müller?

Der Müller war ein Mann, der gern ein bisschen übertrieb.

9. Was bedeutet das, er übertrieb gerne?

Er erzählte den Leuten erfundene Geschichten.

10. Was erzählte er dem König deshalb?

Deshalb erzählte er dem König, dass seine Tochter aus Stroh Gold spinnen könne.

11. Aus welchem Material konnte die Tochter Gold spinnen?

Sie konnte aus Stroh Gold spinnen.

12. Gefiel die Geschichte dem König?

Ja, das gefiel dem König natürlich sehr gut.

13. Was machte der König deshalb?

Deshalb lud er den Müller und seine Tochter auf sein Schloss ein.

14. Wohin lud er den Müller und seine Tochter ein?

Er lud sie auf sein Schloss ein.

15. Was sollte die Tochter im Schloss vorführen?

Dort sollte sie ihr Talent vorführen.

16. Welches Talent sollte sie vorführen? Was sollte sie machen?

Sie sollte aus Stroh Gold spinnen.

17. Mit was ließ der König ein ganzes Zimmer füllen?

Der König ließ ein ganzes Zimmer mit Gold füllen.

18. Was machte der König mit der Tochter?

Er schloss die Tochter dort in diesem Zimmer ein.

19. Wie lange gab der König der Tochter, um aus dem vielen Stroh Gold zu machen?

Er gab ihr eine Nacht, um aus dem vielen Stroh Gold zu machen.

20. Was würde der König mit der Tochter machen, wenn sie es nicht schaffen sollte, aus Stroh Gold zu machen?

Sollte sie das nicht schaffen, würde der König sie töten lassen.

21. Hatte das Mädchen eine Ahnung, wie man aus Stroh Gold macht?

Das Mädchen hatte keine Ahnung, wie man aus Stroh Gold macht.

22. Was wurde es deshalb von Stunde zu Stunde?

Das Mädchen wurde von Stunde zu Stunde verzweifelter.

23. Warum wurde es von Stunde zu Stunde verzweifelter? Um was fürchtete es?

Es fürchtete um sein Leben.

24. Warum weinte es?

Es weinte vor lauter Verzweiflung.

25. Was ging auf einmal auf?

Auf einmal ging die Tür auf.

26. Wer kam in das Zimmer herein?

Ein kleines Männchen kam in das Zimmer herein.

27. Was fragte das kleine Männchen?

„Warum bist du so traurig, liebes Mädchen?", fragte das kleine Männchen.

28. Was denkt das Männchen, was das Mädchen vielleicht hat?

„Hast du vielleicht Schmerzen?"

29. Was denkt das Männchen, was das Mädchen vielleicht braucht?

„Brauchst du vielleicht Hilfe?"

30. Wovon erzählte ihm das Mädchen? Von welcher Aufgabe erzählte es dem Männchen?

Das Mädchen erzählte ihm von seiner unlösbaren Aufgabe.

31. Was erzählte das Mädchen dem Männchen noch? Was würde es sicher am nächsten Morgen machen?

Es erzählte ihm davon, dass es am nächsten Morgen sicher sterben würde.

32. Was fragte das Männchen, nachdem es die Geschichte gehört hatte?

„Was gibst du mir, wenn ich dir helfe?", fragte das Männchen.

33. Was bot ihm das Mädchen an?

Das Mädchen bot ihm ihr Halsband an.

34. War das Männchen einverstanden? Akzeptierte es?

Ja, das Männchen akzeptierte.

35. Wohin setzte sich das Männchen?

Es setzte sich an das Spinnrad.

36. Was begann es zu machen?

Es begann zu spinnen.

37. Womit war das Zimmer am Ende der Nacht voll?

Am Ende der Nacht war das Zimmer voll mit Gold.

38. Was machte das Männchen am Ende der Nacht?

Das Männchen verabschiedete sich.

Teil 2

Am nächsten Morgen kam der König in das Zimmer und war sehr erstaunt über das viele Gold, schließlich hatte er nicht geglaubt, dass das Mädchen wirklich solche Fähigkeiten besaß. Aber er war ein gieriger König und als er das viele Gold sah, wollte er mehr. Er ließ eine noch viel größeres Zimmer mit Stroh füllen und befahl dem Mädchen, auch daraus Gold zu spinnen. Wieder saß das Mädchen die ganze Nacht in dem Zimmer und weinte vor Verzweiflung. Wieder ging die Tür auf und das kleine Männchen kam herein. „Ich sehe, du brauchst wieder meine Hilfe. Doch dieses Mal wird meine Hilfe ein bisschen teurer.", sprach das Männchen. „Ich gebe dir meinen goldenen Ring, wenn du mir hilfst.", bot ihm das Mädchen an. Und das Männchen setzte sich wieder an das Spinnrad und begann mit seiner Arbeit. Wieder konnte der König nicht genug bekommen und in seiner Gier ließ er ein noch viel größeres Zimmer mit Stroh füllen. „Das ist die letzte Nacht, in der du arbeiten musst. Wenn du es schaffst, alles Stroh zu Gold zu machen, werde ich dich heiraten.", versprach ihr der König. Wieder kam das Männchen in der Nacht und bot dem Mädchen seine Hilfe an: „Das ist viel Arbeit für mich, aber ich werde dir noch einmal helfen. Was hast du, das mich interessieren könnte?", fragte das Männchen. „Ich habe nichts mehr, was ich dir geben könnte. Du hast alles bekommen, was ich besessen habe. Mir bleibt nur mein Leben und auch mein Leben ist nichts mehr wert morgen Früh.", weinte das Mädchen. „Nun gut, ich sehe, dass du in großer Not bist und was für ein Monster wäre ich, wenn ich dir nicht helfen würde.", sagte das Männchen, „Wenn du Königin bist, gibst du mir dein erstes Kind und du hast keine Schulden mehr bei mir." Das Mädchen war sehr verzweifelt und wusste keinen anderen Ausweg, dass sie in das Geschäft einwilligte. Und wieder füllte sich das Zimmer mit Gold und das Männchen verschwand am frühen Morgen.

Fragen:

1. Wann kam der König in das Zimmer?

2. War der König überrascht? War er erstaunt, als er das viele Gold sah?

3. Warum war der König sehr erstaunt, als er das viele Gold sah? Was hatte er schließlich nicht geglaubt?

4. War der König zufrieden mit dem vielen Gold oder wollte er mehr?

5. Was machte er deshalb mit einem noch viel größeren Zimmer?

6. Was befahl er dem Mädchen?

7. Wo saß das Mädchen wieder die ganze Nacht?

8. Was machte es die ganze Zeit, während es im Zimmer saß?

9. Was ging wieder auf?

10. Wer kam wieder herein?

11. Was sagte das kleine Männchen? Was sah es? Was brauchte die Tochter des Müllers wieder?

12. Aber kostete die Hilfe des Männchens immer noch den gleichen Preis oder war sie dieses Mal teurer? Was sprach das Männchen?

13. Was bot ihm das Mädchen an?

14. Wohin setzte sich das Männchen wieder?

15. Womit begann es wieder?

16. Hatte der König dieses Mal endlich genug Gold?

17. Was tat er in seiner Gier? Füllte er ein noch größeres Zimmer?

18. Was sagte der König, wie viele Nächte musste die Tochter des Müllers noch arbeiten?

19. Aber dieses Mal gab er der Tochter ein Versprechen. Was würde er machen, wenn sie auch dieses Zimmer mit Gold füllen könnte?

20. Wer kam wieder in der Nacht?

21. Was bot es dem Mädchen an?

22. Aber was sagte das Männchen über die Arbeit dieses Mal? War es viel oder wenig Arbeit für ihn?

23. Wollte das Männchen dem Mädchen noch einmal helfen?

24. Was fragte es deshalb das Mädchen, weil es ihm noch einmal helfen wollte?

25. Hatte das Mädchen immer noch etwas, das es dem Männchen für seine Arbeit geben konnte?

26. Was blieb dem Mädchen nur noch?

27. Wie viel würde das Leben am nächsten Morgen wert sein?

28. Was sah das Männchen? In welcher Situation war das Mädchen?

29. Was wäre das Männchen, wenn es dem Mädchen nicht helfen würde?

30. Das Männchen machte also ein Geschäft mit dem Mädchen, um seine Schulden zu bezahlen. Was war das Geschäft, das das Männchen dem Mädchen vorschlug?

31. Wann musste das Mädchen dem Männchen ihr erstes Kind geben?

32. Was hätte sie dann nicht mehr bei ihm?

33. Wie fühlte sich das Mädchen in diesem Moment?

34. Was wusste sie nicht?

35. Was machte sie deshalb, weil sie keinen Ausweg wusste?

36. Was passierte deshalb wieder mit dem Zimmer?

37. Was machte das Männchen?

Lösungen:

1. Wann kam der König in das Zimmer?

Der König kam am nächsten Morgen in das Zimmer.

2. War der König überrascht? War er erstaunt, als er das viele Gold sah?

Der König war sehr erstaunt, als er das viele Gold sah.

3. Warum war der König sehr erstaunt, als er das viele Gold sah? Was hatte er schließlich nicht geglaubt?

Schließlich hatte er nicht geglaubt, dass das Mädchen wirklich solche Fähigkeiten besaß.

4. War der König zufrieden mit dem vielen Gold oder wollte er mehr?

Nein, er war nicht zufrieden. Er war ein gieriger König und als er das viele Gold sah, wollte er mehr.

5. Was machte er deshalb mit einem noch viel größeren Zimmer?

Er ließ ein noch viel größeres Zimmer mit Stroh füllen.

6. Was befahl er dem Mädchen?

Er befahl dem Mädchen, auch daraus Gold zu spinnen.

7. Wo saß das Mädchen wieder die ganze Nacht?

Wieder saß das Mädchen die ganze Nacht in dem Zimmer.

8. Was machte es die ganze Zeit, während es im Zimmer saß?

Es weinte vor lauter Verzweiflung, während es im Zimmer saß.

9. Was ging wieder auf?

Wieder ging die Tür auf.

10. Wer kam wieder herein?

Wieder kam das kleine Männchen herein.

11. Was sagte das kleine Männchen? Was sah es? Was brauchte die Tochter des Müllers wieder?

„Ich sehe, du brauchst wieder meine Hilfe."

12. Aber kostete die Hilfe des Männchens immer noch den gleichen Preis oder war sie dieses Mal teurer? Was sprach das Männchen?

„Doch dieses Mal wird meine Hilfe ein bisschen teurer.", sprach das Männchen.

13. Was bot ihm das Mädchen an?

„Ich gebe dir meinen goldenen Ring, wenn du mir hilfst.", bot ihm das Mädchen an.

14. Wohin setzte sich das Männchen wieder?

Das Männchen setzte sich wieder an das Spinnrad.

15. Womit begann es wieder?

Es begann wieder mit seiner Arbeit.

16. Hatte der König dieses Mal endlich genug Gold?

Nein, wieder konnte der König nicht genug bekommen.

17. Was tat er in seiner Gier? Füllte er ein noch größeres Zimmer?

Ja, in seiner Gier ließ er ein noch viel größeres Zimmer mit Stroh füllen.

18. Was sagte der König, wie viele Nächte musste die Tochter des Müllers noch arbeiten?

„Das ist die letzte Nacht, in der du arbeiten musst."

19. Aber dieses Mal gab er der Tochter ein Versprechen. Was würde er machen, wenn sie auch dieses Zimmer mit Gold füllen könnte?

„Wenn du es schaffst, alles Stroh zu Gold zu machen, werde ich dich heiraten.", versprach ihr der König.

20. Wer kam wieder in der Nacht?

Wieder kam das Männchen in der Nacht.

21. Was bot es dem Mädchen an?

Es bot dem Mädchen seine Hilfe an.

22. Aber was sagte das Männchen über die Arbeit dieses Mal? War es viel oder wenig Arbeit für ihn?

„Das ist viel Arbeit für mich.", sagte das Männchen.

23. Wollte das Männchen dem Mädchen noch einmal helfen?

Ja. „Ich werde dir noch einmal helfen.", sagte das Männchen.

24. Was fragte es deshalb das Mädchen, weil es ihm noch einmal helfen wollte?

„Was hast du, das mich interessieren könnte?", fragte das Männchen.

25. Hatte das Mädchen immer noch etwas, das es dem Männchen für seine Arbeit geben konnte?

Nein. „Ich habe nichts mehr, was ich dir geben könnte. Du hast alles bekommen, was ich besessen habe.", weinte das Mädchen.

26. Was blieb dem Mädchen nur noch?

„ Mir bleibt nur mein Leben.", weinte das Mädchen.

27. Wie viel würde das Leben am nächsten Morgen wert sein?

„Auch mein Leben ist nichts mehr wert morgen Früh.", weinte das Mädchen.

28. Was sah das Männchen? In welcher Situation war das Mädchen?

„Nun gut, ich sehe, dass du in großer Not bist."

29. Was wäre das Männchen, wenn es dem Mädchen nicht helfen würde?

„Was für ein Monster wäre ich, wenn ich dir nicht helfen würde.", sagte das Männchen.

30. Das Männchen machte also ein Geschäft mit dem Mädchen, um seine Schulden zu bezahlen. Was war das Geschäft, das das Männchen dem Mädchen vorschlug?

„Wenn du Königin bist, gibst du mir dein erstes Kind und du hast keine Schulden mehr bei mir."

31. Wann musste das Mädchen dem Männchen ihr erstes Kind geben?

Wenn sie Königin wäre, müsste sie ihm ihr erstes Kind geben.

32. Was hätte sie dann nicht mehr bei ihm?

Sie hätte dann keine Schulden mehr bei ihm.

33. Wie fühlte sich das Mädchen in diesem Moment?

Das Mädchen war sehr verzweifelt.

34. Was wusste sie nicht?

Sie wusste keinen Ausweg.

35. Was machte sie deshalb, weil sie keinen Ausweg wusste?

Sie willigte in das Geschäft ein.

36. Was passierte deshalb wieder mit dem Zimmer?

Wieder füllte sich das Zimmer mit Gold.

37. Was machte das Männchen?

Das Männchen verschwand am nächsten Morgen.

Teil 3

Als der König am nächsten Morgen in das Zimmer kam, war er sehr erfreut und hielt sein Versprechen. Einige Wochen später heiratete er die Tochter des Müllers. Ein Jahr später bekam die Königin ihr erstes Kind und hatte das Männchen schon lange vergessen. Eines Tages ging die Tür auf und das Männchen kam wieder herein. „Du erinnerst dich an dein Versprechen, liebe Königin? Du hast mir dein erstes Kind versprochen. Ich hoffe, dass du dein Versprechen nicht vergessen hast." Die Königin weinte vor lauter Verzweiflung und flehte das Männchen an, ihr nicht das Kind wegzunehmen. Sie versprach ihm alle Reichtümer des Königreichs. „Ich interessiere mich nicht für Reichtümer. Wie du weißt, kann ich aus Stroh Gold machen. Ein kleines Kind allerdings interessiert mich sehr.", sprach das Männchen. Aber das Flehen des Königin weckte scheinbar Mitleid in dem kleinen Männchen und so bot er ihr an: „Ich gebe dir drei Tage Zeit, damit du meinen Namen erraten kannst. Errätst du meinen Namen, darfst du dein Kind behalten." Die Königin schrieb lange Listen mit Namen und schickte ihre Diener in alle Ecken des Königreichs, um noch mehr Namen zu sammeln. Aber keiner der Namen war der Name des Männchens. Am dritten Tag kam einer ihrer Diener vom äußersten Rand des Königreichs zurück und erzählte ihr von einer Hütte und einem eigenartigen Männchen, das vor seiner Hütte um ein Feuer herum tanzte und sang: „Heute back ich, morgen brau ich, übermorgen hol ich mir das Kind der Königin. Ach, wie gut, dass niemand weiß, dass ich Rumpelstilzchen heiß!" Die Königin war überglücklich und als das Männchen am nächsten Abend in ihr Zimmer kam, fragte sie ihn: „Heißt du vielleicht Rumpelstilzchen?" „Das hat dir der Teufel gesagt! Das hat dir der Teufel gesagt!", schrie das Männchen wütend und verschwand für immer.

Fragen:

1. Was war der König, als er am nächsten Morgen in das Zimmer kam?

2. Hielt der König sein Versprechen und heiratete das Mädchen?

3. Wann heiratete der König die Tochter des Müllers?

4. Was bekam die Königin ein Jahr später?

5. Dachte die Königin noch an das Männchen und ihr Versprechen? Oder hatte sie das kleine Männchen schon lange vergessen?

6. Was passierte schließlich eines Tages?

7. Wer kam herein?

8. Was fragte das Männchen die Königin?

9. Was hatte die Königin dem Männchen versprochen?

10. Was hoffte das Männchen, dass die Königin nicht vergessen hatte?

11. Wie reagierte die Königin auf den Besuch des Männchens?

12. Warum flehte die Königin das Männchen an? Was sollte das Männchen ihr nicht wegnehmen?

13. Was versprach sie ihm, wenn er ihr das Kind nicht wegnehmen würde?

14. War das Männchen an Reichtümern interessiert? Wie reagierte es auf dieses Angebot?

15. Warum interessierte sich das Männchen nicht für Reichtümer? Was konnte es nämlich machen?

16. Was interessierte das Männchen aber sehr?

17. Was weckte das Flehen der Königin scheinbar in dem kleinen Männchen?

18. Was bot er ihr deshalb an? Welches neue Geschäft hatte es für die Königin?

19. Was würde passieren, wenn die Königin seinen Namen erraten sollte?

20. Was schrieb die Königin, um seinen Namen zu erraten?

21. Wohin schickte sie ihre Diener?

22. Warum schickte sie ihre Diener in alle Ecken des Königreichs? Was sollten die Diener in allen Ecken des Königreichs sammeln?

23. War einer der Namen der richtige Name? War einer der Namen der Name des Männchens?

24. Am wievielten Tag kam einer ihrer Diener vom äußersten Rand des Königreichs zurück?

25. Von wo kam einer ihrer Diener am dritten Tag zurück?

26. Wovon erzählte der Diener der Königin?

27. Was machte das eigenartige Männchen vor seiner Hütte?

28. Was sang das eigenartige Männchen?

29. Was sang das Männchen? Was wolle es heute machen?

30. Was wollte das Männchen morgen machen?

31. Was wollte das Männchen übermorgen machen?

32. Was wusste niemand?

33. Wie fühlte sich die Königin in diesem Moment?

34. Was fragte sie das Männchen, als es am nächsten Abend in ihr Zimmer kam?

35. Wie reagierte das Männchen? Was glaubte er, wer der Königin seinen Namen gesagt hatte?

36. Was machte das Männchen danach?

Lösungen:

1. Was war der König, als er am nächsten Morgen in das Zimmer kam?

Als der König am nächsten Morgen in das Zimmer kam, war er sehr erfreut.

2. Hielt der König sein Versprechen und heiratete das Mädchen?

Ja, er hielt sein Versprechen und heiratete das Mädchen.

3. Wann heiratete der König die Tochter des Müllers?

Einige Wochen später heiratete er die Tochter des Müllers.

4. Was bekam die Königin ein Jahr später?

Ein Jahr später bekam die Königin ihr erstes Kind.

5. Dachte die Königin noch an das Männchen und ihr Versprechen? Oder hatte sie das kleine Männchen schon lange vergessen?

Sie hatte das Männchen schon lange vergessen.

6. Was passierte schließlich eines Tages?

Eines Tages ging die Tür auf.

7. Wer kam herein?

Das Männchen kam wieder herein.

8. Was fragte das Männchen die Königin?

„Du erinnerst dich an dein Versprechen, liebe Königin?"

9. Was hatte die Königin dem Männchen versprochen?

„Du hast mir dein erstes Kind versprochen.", sagte das Männchen.

10. Was hoffte das Männchen, dass die Königin nicht vergessen hatte?

„Ich hoffe, dass du dein Versprechen nicht vergessen hast."

11. Wie reagierte die Königin auf den Besuch des Männchens?

Die Königin weinte vor lauter Verzweiflung und flehte das Männchen an.

12. Warum flehte die Königin das Männchen an? Was sollte das Männchen ihr nicht wegnehmen?

Die Königin flehte das Männchen an, ihr nicht das Kind wegzunehmen.

13. Was versprach sie ihm, wenn er ihr das Kind nicht wegnehmen würde?

Sie versprach ihm alle Reichtümer des Königreichs, wenn er ihr das Kind nicht wegnehmen würde.

14. War das Männchen an Reichtümern interessiert? Wie reagierte es auf dieses Angebot?

„Ich interessiere mich nicht für Reichtümer.", antwortete es.

15. Warum interessierte sich das Männchen nicht für Reichtümer? Was konnte es nämlich machen?

„Wie du weißt, kann ich aus Stroh Gold machen.", antwortete es.

16. Was interessierte das Männchen aber sehr?

„Ein kleines Kind allerdings interessiert mich sehr.", sprach das Männchen.

17. Was weckte das Flehen der Königin scheinbar in dem kleinen Männchen?

Aber das Flehen des Königin weckte scheinbar Mitleid in dem kleinen Männchen.

18. Was bot er ihr deshalb an? Welches neue Geschäft hatte es für die Königin?

„Ich gebe dir drei Tage Zeit, damit du meinen Namen erraten kannst."

19. Was würde passieren, wenn die Königin seinen Namen erraten sollte?

„Errätst du meinen Namen, darfst du dein Kind behalten."

20. Was schrieb die Königin, um seinen Namen zu erraten?

Die Königin schrieb lange Listen, um seinen Namen zu erraten.

21. Wohin schickte sie ihre Diener?

Sie schickte ihre Diener in alle Ecken des Königreichs.

22. Warum schickte sie ihre Diener in alle Ecken des Königreichs? Was sollten die Diener in allen Ecken des Königreichs sammeln?

Sie schickte ihre Diener in alle Ecken des Königreichs, um noch mehr Namen zu sammeln.

23. War einer der Namen der richtige Name? War einer der Namen der Name des Männchens?

Nein, keiner der Namen war der Name des Männchens.

24. Am wievielten Tag kam einer ihrer Diener vom äußersten Rand des Königreichs zurück?

Am dritten Tag kam einer ihrer Diener vom äußersten Rand des Königreichs zurück.

25. Von wo kam einer ihrer Diener am dritten Tag zurück?

Vom äußersten Rand des Königreichs kam einer ihrer Diener am dritten Tag zurück.

26. Wovon erzählte der Diener der Königin?

Er erzählte ihr von einer Hütte und einem eigenartigen Männchen.

27. Was machte das eigenartige Männchen vor seiner Hütte?

Das eigenartige Männchen tanzte vor seiner Hütte um ein Feuer herum und sang.

28. Was sang das eigenartige Männchen?

Es sang: „Heute back ich, morgen brau ich, übermorgen hol ich mir das Kind der Königin. Ach, wie gut, dass niemand weiß, dass ich Rumpelstilzchen heiß!"

29. Was sang das Männchen? Was wollte es heute machen?

„Heute back ich."

30. Was wollte das Männchen morgen machen?

„Morgen brau ich."

31. Was wollte das Männchen übermorgen machen?

„Übermorgen hol ich mir das Kind der Königin."

32. Was wusste niemand?

„Ach, wie gut, dass niemand weiß, dass ich Rumpelstilzchen heiß!"

33. Wie fühlte sich die Königin in diesem Moment?

Die Königin war überglücklich.

34. Was fragte sie das Männchen, als es am nächsten Abend in ihr Zimmer kam?

Sie fragte ihn: „Heißt du vielleicht Rumpelstilzchen?"

35. Wie reagierte das Männchen? Was glaubte er, wer der Königin seinen Namen gesagt hatte?

„Das hat dir der Teufel gesagt! Das hat dir der Teufel gesagt!", schrie das Männchen wütend.

36. Was machte das Männchen danach?

Es verschwand für immer.

Frau Holle
Teil 1

Es war einmal eine Frau, die ihren Mann verloren hatte. Die Witwe hatte zwei Töchter. Die eine Tochter war schön und fleißig und die andere war hässlich und faul. Weil die faule Tochter aber die erste Tochter war, behandelte die Mutter sie besser und die fleißige Tochter musste die ganze Arbeit allein machen. Jeden Tag musste sich das Mädchen auf den Rand des Brunnens im Garten setzen und spinnen, bis seine Hände von der Arbeit anfingen zu bluten. Eines Tages war die Spindel so blutig, dass das Mädchen sie im Brunnen waschen wollte. Leider ließ es die Spindel in den tiefen Brunnen fallen. Es lief zu seiner Mutter und weinte. Aber die Mutter war eine unbarmherzige und herzlose Frau. Sie wurde sehr wütend und schimpfte es sehr. Zur Strafe musste das Mädchen versuchen, die Spindel aus dem Brunnen heraus zu holen. Das Mädchen stand am Brunnenrand und wusste nicht, was es tun sollte. Vor lauter Verzweiflung sprang es in den tiefen Brunnen, um die Spindel zu holen. Es verlor das Bewusstsein und als es aufwachte, wusste es nicht, wo es war.

Fragen:

1. Was hatte die Frau verloren?

2. Wie nennt man eine Frau, die ihren Mann verloren hat?

3. Wie viele Töchter hatte die Witwe?

4. Wie war die eine Tochter?

5. Wie war die andere Tochter?

6. Die wievielte Tochter war die faule Tochter?

7. Wie behandelte sie die Mutter deshalb?

8. Was musste die fleißige Tochter machen?

9. Wohin musste sich das Mädchen jeden Tag setzen?

10. Wo war der Brunnen, auf den sich das Mädchen jeden Tag setzen musste?

11. Was musste die zweite Tochter dort auf dem Brunnenrand machen?

12. Wie lange musste sie dort spinnen? Bis was passierte?

13. Wie war die Spindel eines Tages?

14. Die Spindel war so blutig, dass das Mädchen was machen wollte?

15. Was passierte leider, als es versuchte, die Spindel zu waschen?

16. Wohin lief es?

17. Was tat es, als es bei seiner Mutter war?

18. Aber was für eine Frau war die Mutter?

19. Wie reagierte sie, als das Mädchen ihr erzählte, dass die Spindel in den Brunnen gefallen war?

20. Was machte sie mit dem armen Mädchen?

21. Was musste das Mädchen zur Strafe versuchen?

22. Wo stand das Mädchen?

23. Was wusste es nicht?

24. Was tat es vor lauter Verzweiflung?

25. Warum sprang es in den tiefen Brunnen?

26. Was verlor es, nach seinem Sprung in den Brunnen?

27. Was wusste es nicht, als es aufwachte?

Lösungen:

1. Was hatte die Frau verloren?

Die Frau hatte ihren Mann verloren.

2. Wie nennt man eine Frau, die ihren Mann verloren hat?

Man nennt sie Witwe.

3. Wie viele Töchter hatte die Witwe?

Die Witwe hatte zwei Töchter.

4. Wie war die eine Tochter?

Die eine Tochter war schön und fleißig.

5. Wie war die andere Tochter?

Die andere Tochter war hässlich und faul.

6. Die wievielte Tochter war die faule Tochter?

Die faule Tochter war die erste Tochter.

7. Wie behandelte sie die Mutter deshalb?

Die Mutter behandelte sie besser.

8. Was musste die fleißige Tochter machen?

Die fleißige Tochter musste die ganze Arbeit alleine machen.

9. Wohin musste sich das Mädchen jeden Tag setzen?

Jeden Tag musste sich das Mädchen auf den Rand des Brunnens im Garten setzen.

10. Wo war der Brunnen, auf den sich das Mädchen jeden Tag setzen musste?

Der Brunnen war im Garten.

11. Was musste die zweite Tochter dort auf dem Brunnenrand machen?

Sie musste dort auf dem Brunnenrand spinnen.

12. Wie lange musste sie dort spinnen? Bis was passierte?

Sie musste dort spinnen, bis ihre Hände von der Arbeit anfingen zu bluten.

13. Wie war die Spindel eines Tages?

Eines Tages war die Spindel so blutig.

14. Die Spindel war so blutig, dass das Mädchen was machen wollte?

Eines Tages war die Spindel so blutig, dass das Mädchen sie im Brunnen waschen wollte.

15. Was passierte leider, als es versuchte, die Spindel zu waschen?

Leider ließ sie die Spindel in den tiefen Brunnen fallen.

16. Wohin lief es?

Es lief zu seiner Mutter.

17. Was tat es, als es bei seiner Mutter war?

Es weinte.

18. Aber was für eine Frau war die Mutter?

Die Mutter war eine unbarmherzige und herzlose Frau.

19. Wie reagierte sie, als das Mädchen ihr erzählte, dass die Spindel in den Brunnen gefallen war?

Sie wurde sehr wütend.

20. Was machte sie mit dem armen Mädchen?

Sie schimpfte es sehr.

21. Was musste das Mädchen zur Strafe versuchen?

Zur Strafe musste das Mädchen versuchen, die Spindel aus dem Brunnen heraus zu holen.

22. Wo stand das Mädchen?

Das Mädchen stand am Brunnenrand.

23. Was wusste es nicht?

Es wusste nicht, was es tun sollte.

24. Was tat es vor lauter Verzweiflung?

Vor lauter Verzweiflung sprang es in den tiefen Brunnen.

25. Warum sprang es in den tiefen Brunnen?

Es sprang in den tiefen Brunnen, um die Spindel zu holen.

26. Was verlor es, nach seinem Sprung in den Brunnen?

Es verlor das Bewusstsein.

27. Was wusste es nicht, als es aufwachte?

Es wusste nicht, wo es war.

Teil 2

Es sah sich um und bemerkte, dass es nicht mehr im Brunnen war, sondern auf einer grünen Wiese voller Blumen und Schmetterlinge. Die Sonne schien und es war keine Wolke am Himmel zu sehen. Das Mädchen dachte, dass es wahrscheinlich tot sei und der Ort der Himmel sein musste. Es stand auf und begann ohne Ziel auf der Wiese spazieren zu gehen. Nach einer Weile kam es zu einem Backofen, der mitten auf der Wiese stand. „Hilfe! Hilfe! Hol mich aus dem Ofen! Ich bin schon lang fertig gebacken! Hilfe! Ich werde noch ganz schwarz!", schrie eine Stimme verzweifelt. Das Mädchen ging zu dem Ofen und sah, dass Brot im Ofen war und holte es heraus. Danach ging es weiter und kurze Zeit später hörte es wieder eine Stimme: „Schüttel den Baum! Schüttel den Baum! Wir sind schon viel zu lange hier oben und müssen endlich auf den Boden fallen." Das Mädchen sah sich um und sah einen Apfelbaum, der voll mit reifen Äpfeln war. Es ging zu dem Baum und schüttelte den Baum mit aller Kraft. Nach und nach fielen alle Äpfel auf den Boden und als der letzte Apfel auf die Wiese gefallen war, machte das Mädchen einen großen Haufen mit den Äpfeln und dann ging das Mädchen weiter.

Fragen:

1. Als es aufwachte und nicht wusste, wo es war, was tat es?

2. Was bemerkte es, als es sich umsah?

3. Wo war es? Es war nicht mehr im Brunnen, sondern?

4. Womit war die grüne Wiese voll?

5. Wie war das Wetter? Schien die Sonne? Gab es Wolken am Himmel?

6. Was dachte das Mädchen, was passiert sein musste?

7. Wo musste es also sein? Was musste der Ort sein?

8. Was tat das Mädchen als nächstes?

9. Was begann es auf der Wiese? Wusste es, wohin es gehen sollte?

10. Zu was kam es nach einer Weile?

11. Wo stand der Backofen?

12. Was hörte das Mädchen plötzlich?

13. Was sollte das Mädchen machen? Was schrie die Stimme?

14. Warum wollte die Stimme den Ofen verlassen? War die Stimme schon lange Zeit im Ofen?

15. Was wird die Stimme werden, wenn sie noch viel länger im Ofen bleibt?

16. Wie reagierte das Mädchen? Wohin ging es?

17. Was sah es im Ofen?

18. Was machte es mit dem Brot?

19. Was tat es danach?

20. Was hörte es kurze Zeit später wieder?

21. Was rief die Stimme dieses Mal?

22. Was rief die Stimme, was sollte das Mädchen mit dem Baum machen?

23. Warum sollte das Mädchen den Baum schütteln?

24. Wie reagierte das Mädchen?

25. Was sah das Mädchen?

26. Womit war der Apfelbaum voll?

27. Was tat das Mädchen also?

28. Was viel nach und nach auf den Boden?

29. Was machte das Mädchen als der letzte Apfel auf die Wiese gefallen war?

30. Was machte es danach?

Lösungen:

1. Als es aufwachte und nicht wusste, wo es war, was tat es?

Es sah sich um.

2. Was bemerkte es, als es sich umsah?

Es bemerkte, dass es nicht mehr im Brunnen war.

3. Wo war es? Es war nicht mehr im Brunnen, sondern?

Es war nicht mehr im Brunnen, sondern auf einer grünen Wiese.

4. Womit war die grüne Wiese voll?

Die grüne Wiese war voller Blumen und Schmetterlinge.

5. Wie war das Wetter? Schien die Sonne? Gab es Wolken am Himmel?

Die Sonne schien und es war keine Wolke am Himmel zu sehen.

6. Was dachte das Mädchen, was passiert sein musste?

Das Mädchen dachte, dass es wahrscheinlich tot sei.

7. Wo musste es also sein? Was musste der Ort sein?

Der Ort musste der Himmel sein.

8. Was tat das Mädchen als nächstes?

Es stand auf.

9. Was begann es auf der Wiese? Wusste es, wohin es gehen sollte?

Das Mädchen begann ohne Ziel auf der Wiese spazieren zu gehen.

10. Zu was kam es nach einer Weile?

Nach einer Weile kam es zu einem Backofen.

11. Wo stand der Backofen?

Der Backofen stand mitten auf der Wiese.

12. Was hörte das Mädchen plötzlich?

„Hilfe! Hilfe! Hol mich aus dem Ofen! Ich bin schon lang fertig gebacken! Hilfe! Ich werde noch ganz schwarz!", schrie eine Stimme verzweifelt.

13. Was sollte das Mädchen machen? Was schrie die Stimme?

„Hol mich aus dem Ofen!", schrie die Stimme.

14. Warum wollte die Stimme den Ofen verlassen? War die Stimme schon lange Zeit im Ofen?

„Ich bin schon lang fertig gebacken!", schrie die Stimme.

15. Was wird die Stimme werden, wenn sie noch viel länger im Ofen bleibt?

„Ich werde noch ganz schwarz!", schrie die Stimme verzweifelt.

16. Wie reagierte das Mädchen? Wohin ging es?

Es ging zum Ofen.

17. Was sah es im Ofen?

Es sah, dass Brot im Ofen war.

18. Was machte es mit dem Brot?

Das Mädchen holte es heraus.

19. Was tat es danach?

Danach ging es weiter.

20. Was hörte es kurze Zeit später wieder?

Kurze Zeit später hörte es wieder eine Stimme.

21. Was rief die Stimme dieses Mal?

„Schüttel den Baum! Schüttel den Baum! Wir sind schon viel zu lange hier oben und müssen endlich auf den Boden fallen."

22. Was rief die Stimme, was sollte das Mädchen mit dem Baum machen?

„Schüttel den Baum! Schüttel den Baum!"

23. Warum sollte das Mädchen den Baum schütteln?

„Wir sind schon viel zu lange hier oben und müssen endlich auf den Boden fallen."

24. Wie reagierte das Mädchen?

Das Mädchen sah sich um.

25. Was sah das Mädchen?

Es sah einen Apfelbaum.

26. Womit war der Apfelbaum voll?

Der Apfelbaum war voll mit reifen Äpfeln.

27. Was tat das Mädchen also?

Es ging zu dem Baum und schüttelte ihn mit aller Kraft.

28. Was viel nach und nach auf den Boden?

Nach und nach vielen alle Äpfel auf den Boden.

29. Was machte das Mädchen als der letzte Apfel auf die Wiese gefallen war?

Als der letzte Apfel auf die Wiese gefallen war, machte das Mädchen einen großen Haufen mit den Äpfeln.

30. Was machte es danach?

Es ging weiter.

Teil 3

Nach einiger Zeit kam es zu einem hübschen, kleinen Haus. In dem Haus wohnte eine alte Frau mit riesigen Zähnen und das Mädchen fürchtete sich vor der Frau. Es wollte gerade davon laufen, da rief die alte Frau: „Fürchte dich nicht! Ich werde dir nichts tun! Ich bin die Frau Holle. Ich bin verantwortlich dafür, dass es auf der Erde schneit. Möchtest du für mich arbeiten? Ich bin schon alt und könnte etwas Hilfe gut gebrauchen. Es ist keine schwere Arbeit. Du musst nur meine Bettdecken schütteln, damit es auf der Erde schneit." Das Mädchen war einverstanden und blieb bei der alten Frau. Es war wie immer sehr fleißig und schüttelte täglich die Bettdecken zur vollen Zufriedenheit der alten Frau. Dafür bekam es jeden Tag leckeres Essen und hatte ein kleines, schönes Zimmer im Haus. Frau Holle war eine sehr nette Frau und behandelte das Mädchen wie ihre Tochter. Endlich hatte das Mädchen ein Zuhause gefunden. Es fühlte sich glücklich und zufrieden und musste keine Angst mehr haben. Nach einer Weile aber bekam das Mädchen Heimweh.

Fragen:

1. Wohin kam das Mädchen nach einiger Zeit?

2. Wie war das Haus?

3. Wer wohnte in dem Haus?

4. Was hatte die Frau im Mund?

5. Hatte das Mädchen Angst vor der Frau?

6. Was wollte das Mädchen gerade machen, als die Frau etwas rief?

7. Was rief die alte Frau?

8. Wer ist die alte Frau?

9. Wofür ist die Frau verantwortlich?

10. Was bietet sie dem Mädchen an?

11. Könnte die alte Frau etwas Hilfe gebrauchen? Warum wäre ein bisschen Hilfe gut für sie?

12. Ist die Arbeit schwer?

13. Was muss das Mädchen nur machen? Was muss es schütteln?

14. Warum muss das Mädchen die Bettdecken schütteln? Was passiert dann auf der Erde?

15. War das Mädchen mit dem Angebot einverstanden?

16. Was machte es deshalb? Wo blieb es?

17. Arbeitete das Mädchen viel? War es sehr fleißig?

18. Was machte es täglich?

19. Schüttelte es die Betten zur vollen Zufriedenheit der alten Frau?

20. Was bekam es jeden Tag?

21. Was hatte es im Haus? Wo wohnte es?

22. War Frau Holle eine nette Frau?

23. Wie behandelte sie das Mädchen?

24. Was hatte das Mädchen endlich gefunden?

25. Wie fühlte es sich im Haus von Frau Holle?

26. Was musste es nicht mehr haben?

27. Aber was bekam das Mädchen nach einer Weile?

Lösungen:

1. Wohin kam das Mädchen nach einiger Zeit?

Nach einiger Zeit kam es zu einem hübschen, kleinen Haus.

2. Wie war das Haus?

Das Haus war hübsch und klein.

3. Wer wohnte in dem Haus?

In dem Haus wohnte eine alte Frau.

4. Was hatte die Frau im Mund?

Die alte Frau hatte riesige Zähne im Mund.

5. Hatte das Mädchen Angst vor der Frau?

Ja, das Mädchen fürchtete sich vor der Frau.

6. Was wollte das Mädchen gerade machen, als die Frau etwas rief?

Es wollte gerade davon laufen.

7. Was rief die alte Frau?

„Fürchte dich nicht! Ich werde dir nichts tun!"

8. Wer ist die alte Frau?

„Ich bin die Frau Holle."

9. Wofür ist die Frau verantwortlich?

„Ich bin verantwortlich dafür, dass es auf der Erde schneit."

10. Was bietet sie dem Mädchen an?

„Möchtest du für mich arbeiten?"

11. Könnte die alte Frau etwas Hilfe gebrauchen? Warum wäre ein bisschen Hilfe gut für sie?

„Ich bin schon alt und könnte etwas Hilfe gut gebrauchen."

12. Ist die Arbeit schwer?

Nein, es ist keine schwere Arbeit. Die Arbeit ist leicht.

13. Was muss das Mädchen nur machen? Was muss sie schütteln?

„Du musst nur meine Bettdecken schütteln."

14. Warum muss das Mädchen die Bettdecken schütteln? Was passiert dann auf der Erde?

„Du musst nur meine Bettdecken schütteln, damit es auf der Erde schneit."

15. War das Mädchen mit dem Angebot einverstanden?

Ja, das Mädchen war einverstanden.

16. Was machte es deshalb? Wo blieb es?

Das Mädchen blieb bei der alten Frau.

17. Arbeitete das Mädchen viel? War es sehr fleißig?

Ja, es war immer sehr fleißig.

18. Was machte es täglich?

Es schüttelte täglich die Betten.

19. Schüttelte es die Betten zur vollen Zufriedenheit der alten Frau?

Ja, es schüttelte täglich die Bettdecken zur vollen Zufriedenheit der alten Frau.

20. Was bekam es jeden Tag?

Jeden Tag bekam es leckeres Essen.

21. Was hatte es im Haus? Wo wohnte es?

Es hatte ein kleines, schönes Zimmer im Haus.

22. War Frau Holle eine nette Frau?

Ja, sie war eine nette Frau.

23. Wie behandelte sie das Mädchen?

Sie behandelte das Mädchen wie ihre Tochter.

24. Was hatte das Mädchen endlich gefunden?

Endlich hatte das Mädchen ein Zuhause gefunden.

25. Wie fühlte es sich im Haus von Frau Holle?

Es fühlte sich glücklich und zufrieden.

26. Was musste es nicht mehr haben?

Es musste keine Angst mehr haben.

27. Aber was bekam das Mädchen nach einer Weile?

Nach einer Weile bekam das Mädchen Heimweh.

Teil 4

Obwohl es ihm bei der alten Frau viel besser ging und es viel glücklicher war, vermisste es sein Zuhause. Schließlich bat es die alte Frau, wieder nach Hause gehen zu dürfen. „Ich verstehe, dass du Heimweh hast und es ist in Ordnung.", sagte Frau Holle, „Daheim ist daheim und so soll es auch sein. Du hast mir sehr geholfen und ich werde dich für deine Arbeit belohnen." Sie führte es zu einem großen Tor, unter dem das Mädchen stehen bleiben sollte. Dann fing es an Gold zu regnen und das Gold bedeckte nach einer Weile das Mädchen von oben bis unten. „Das ist alles dein Gold, weil du so fleißig und gehorsam warst. Ich wünsche dir ein schönes Leben. Und nun geh nach Hause!", verabschiedete sich Frau Holle. Das Mädchen ging durch das Tor und danach schloss sich das Tor wieder. Das Mädchen kam in der Nähe vom Haus ihrer Mutter an und machte sich gleich auf dem Weg, um nach seiner Familie zu suchen. Die Mutter und die Schwester nahmen das Mädchen mit großer Freundlichkeit auf, wahrscheinlich wegen dem vielen Gold, welches das Mädchen bei sich trug. Das Mädchen erzählte die ganze Geschichte, die es erlebt hatte und staunend hörten die beiden Frauen zu. Die Mutter wollte, dass ihre andere Tochter das gleiche Glück und den gleichen Reichtum hatte und schickte das zweite Mädchen auf den Weg zu Frau Holle.

Fragen:

1. Obwohl es ihm bei der alten Frau viel besser ging und es viel glücklicher war, was vermisste das Mädchen?

2. Es vermisste sein Zuhause, obwohl sein Leben bei der alten Frau wie war?

3. Was bat es schließlich die alte Frau?

4. Hatte die alte Frau Verständnis für die Bitte des Mädchens?

5. Ist es in Ordnung für Frau Holle, dass das Mädchen nach Hause gehen will?

6. Warum ist es in Ordnung für Frau Holle? Wie sollte es sein?

7. Ist Frau Holle mit der Arbeit des Mädchens zufrieden? Hat das Mädchen ihr geholfen?

8. Wofür will Frau Holle das Mädchen belohnen?

9. Wohin führte sie das Mädchen?

10. Was sollte das Mädchen unter dem großen Tor machen?

11. Was fing es dann an zu regnen?

12. Was machte das Gold nach einer Weile mit dem Mädchen? Von wo bis wo bedeckte das Gold das Mädchen?

13. Für wen ist das Gold?

14. Warum ist das alles das Gold des Mädchens?

15. Was wünscht Frau Holle dem Mädchen?

16. Wohin soll das Mädchen nun gehen?

17. Wodurch ging das Mädchen?

18. Was passierte mit dem Tor, nachdem das Mädchen durch es gegangen war?

19. Wo kam das Mädchen an?

20. Was machte es gleich?

21. Warum machte es sich gleich auf den Weg?

22. Wie nahmen die Mutter und die Schwester das Mädchen auf?

23. Warum nahmen sie das Mädchen wahrscheinlich mit großer Freundlichkeit auf?

24. Was erzählte das Mädchen der Mutter und der Schwester?

25. Wie hörten die beiden Frauen zu?

26. Was wollte die Mutter für ihre andere Tochter?

27. Wohin schickte sie das zweite Mädchen deshalb?

Lösungen:

1. Obwohl es ihm bei der alten Frau viel besser ging und es viel glücklicher war, was vermisste das Mädchen?

Es vermisste sein Zuhause.

2. Es vermisste sein Zuhause, obwohl sein Leben bei der alten Frau wie war?

Obwohl es ihm bei der alten Frau viel besser ging und es viel glücklicher war, vermisste es sein Zuhause.

3. Was bat es schließlich die alte Frau?

Schließlich bat es die alte Frau, wieder nach Hause gehen zu dürfen.

4. Hatte die alte Frau Verständnis für die Bitte des Mädchens?

„Ich verstehe, dass du Heimweh hast.", sagte Frau Holle.

5. Ist es in Ordnung für Frau Holle, dass das Mädchen nach Hause gehen will?

Ja, es ist in Ordnung.

6. Warum ist es in Ordnung für Frau Holle? Wie sollte es sein?

„Daheim ist daheim und so soll es auch sein."

7. Ist Frau Holle mit der Arbeit des Mädchens zufrieden? Hat das Mädchen ihr geholfen?

„Du hast mir sehr geholfen.", sagte Frau Holle.

8. Wofür will Frau Holle das Mädchen belohnen?

„Ich werde dich für deine Arbeit belohnen."

9. Wohin führte sie das Mädchen?

Sie führte es zu einem großen Tor.

10. Was sollte das Mädchen unter dem großen Tor machen?

Das Mädchen sollte unter dem großen Tor stehen bleiben.

11. Was fing es dann an zu regnen?

Dann fing es an Gold zu regnen.

12. Was machte das Gold nach einer Weile mit dem Mädchen? Von wo bis wo bedeckte das Gold das Mädchen?

Das Gold bedeckte nach einer Weile das Mädchen von oben bis unten.

13. Für wen ist das Gold?

„Das ist alles dein Gold.", sagte Frau Holle.

14. Warum ist das alles das Gold des Mädchens?

„Das ist alles dein Gold, weil du so fleißig und gehorsam warst."

15. Was wünscht Frau Holle dem Mädchen?

„Ich wünsche dir ein schönes Leben."

16. Wohin soll das Mädchen nun gehen?

„Und nun geh nach Hause!", verabschiedete sich Frau Holle.

17. Wodurch ging das Mädchen?

Das Mädchen ging durch das Tor.

18. Was passierte mit dem Tor, nachdem das Mädchen durch es gegangen war?

Danach schloss sich das Tor wieder.

19. Wo kam das Mädchen an?

Das Mädchen kam in der Nähe vom Haus ihrer Mutter an.

20. Was machte es gleich?

Es machte sich gleich auf den Weg.

21. Warum machte es sich gleich auf den Weg?

Es machte sich gleich auf den Weg, um nach seiner Familie zu suchen.

22. Wie nahmen die Mutter und die Schwester das Mädchen auf?

Die Mutter und die Schwester nahmen das Mädchen mit großer Freundlichkeit auf.

23. Warum nahmen sie das Mädchen wahrscheinlich mit großer Freundlichkeit auf?

Wahrscheinlich wegen dem vielen Gold, welches das Mädchen bei sich trug.

24. Was erzählte das Mädchen der Mutter und der Schwester?

Das Mädchen erzählte die ganze Geschichte, die es erlebt hatte.

25. Wie hörten die beiden Frauen zu?

Staunend hörten die beiden Frauen zu.

26. Was wollte die Mutter für ihre andere Tochter?

Die Mutter wollte, dass ihre andere Tochter das gleiche Glück und den gleichen Reichtum hatte.

27. Wohin schickte sie das zweite Mädchen deshalb?

Sie schickte das zweite Mädchen auf den Weg zu Frau Holle.

Teil 5

Die zweite Tochter musste sich ebenfalls an den Brunnenrand setzen und spinnen bis ihre Hände blutig waren. Dann ließ sie die Spindel in den Brunnen fallen und sprang in den tiefen Brunnen. Sie wachte auf der grünen Wiese auf und machte sich gleich auf die Suche nach dem Haus der alten Frau. Als sie am Backofen vorbei kam, schrie das Brot wieder laut: „Hilfe! Hilfe! Hol mich aus dem Ofen! Ich bin schon lang fertig gebacken! Hilfe! Ich werde noch ganz schwarz!" „Ich mache mir wegen ein paar harten Broten meine Kleidung nicht schmutzig!", rief das Mädchen und es ging einfach weiter. Wenig später kam es am Apfelbaum vorbei, der wieder voll mit reifen Äpfeln war. „Schüttel den Baum! Schüttel den Baum! Wir sind schon viel zu lange hier oben und müssen endlich auf den Boden fallen.", riefen die Äpfel wieder. „Am Ende fällt mir noch ein Apfel auf den Kopf und ich verletze mich schwer.", rief die zweite Tochter und ging weiter. Bald kam sie zum Haus von Frau Holle und bat sie gleich, ihr Arbeit zu geben. Am ersten Tag war das Mädchen sehr fleißig und tat alles, was Frau Holle ihm sagte. Auch wenn es keine Lust mehr hatte, dachte es an das viele Gold und arbeitete weiter. Aber am zweiten Tag verlor es schon Stück für Stück die Lust zu arbeiten und wurde immer fauler. Und am dritten Tag stand es nicht mal mehr aus dem Bett auf. Frau Holle war sehr unzufrieden mit seiner Arbeit und bald entließ sie das Mädchen und wollte es nach Hause schicken. Das Mädchen war zufrieden und freute sich auf das viele Gold, dass ihm die alte Frau für seine Arbeit schenken würde. Es stellte sich unter das Tor und wartete auf den Goldregen. Aber anstelle des Goldes regnete es Staub, Pech und Ruß. Der Schmutz bedeckte das faule Mädchen von oben bis unten. Dann schickte Frau Holle es nach Hause. Das Mädchen musste sein ganzes Leben mit dem Schmutz auf seinem Körper leben. Das war die Strafe für seine Arroganz und Faulheit.

Fragen:

1. Was musste die zweite Tochter machen, weil sie Frau Holle besuchen wollte?

2. Wohin musste sie sich setzen?

3. Wie lange musste sie spinnen?

4. Was machte sie dann mit der Spindel, als ihre Hände blutig waren?

5. Was machte sie selbst danach?

6. Wo wachte sie auf?

7. Was machte sie gleich, als sie aufgewacht war?

8. Was machte der Backofen wieder, als sie an ihm vorbeikam?

9. Was schrie das Brot wieder laut?

10. Was sollte die zweite Tochter mit dem Brot machen?

11. Warum sollte das Mädchen das Brot aus dem Ofen holen?

12. Was wird das Brot, wenn das Mädchen es nicht aus dem Ofen holt?

13. Wie reagierte die zweite Tochter auf die Bitte des Brots? Reagierte sie wie ihre Schwester?

14. Was wollte es nicht wegen ein paar harten Broten machen?

15. Was machte es deshalb, weil es sich die Kleidung nicht schmutzig machen wollte?

16. Wo kam das Mädchen wenig später vorbei?

17. Was war der Apfelbaum wieder?

18. Was riefen die Äpfel wieder?

19. Wie lange waren die Äpfel schon auf dem Baum?

20. Was mussten die Äpfel deshalb tun?

21. Wie reagierte die zweite Tochter? Schüttelte sie den Baum und sammelte alle Äpfel?

22. Was könnte am Ende noch passieren? Wohin könnte ein Apfel fallen?

23. Was könnte mit dem Mädchen passieren, wenn ihr ein Apfel auf den Kopf fällt?

24. Was machte sie deshalb, um sich nicht zu verletzen?

25. Wohin kam sie bald?

26. Was bat sie Frau Holle gleich?

27. Wie war das Mädchen am ersten Tag?

28. Was tat es, weil es sehr fleißig war?

29. Was tat es, wenn es keine Lust mehr hatte und nicht mehr arbeiten wollte? An was dachte es?

30. Was verlor das Mädchen am zweiten Tag schon Stück für Stück?

31. Was wurde es?

32. Was machte das Mädchen am dritten Tag nicht einmal mehr?

33. War Frau Holle zufrieden mit seiner Arbeit?

34. Was machte die alte Frau deshalb bald?

35. Was wollte sie mit dem Mädchen machen?

36. Wie reagierte das Mädchen? War es zufrieden?

37. Auf was freute es sich?

38. Auf welches Gold freute es sich? Wer würde ihm so viel Gold geben? Und wofür?

39. Wohin stellte sich das Mädchen?

40. Auf was wartete es?

41. Aber was regnete es anstelle des Goldes?

42. Was machte der Schmutz mit dem faulen Mädchen?

43. Was machte Frau Holle dann mit dem Mädchen?

44. Wie lange musste das Mädchen mit dem Schmutz auf seinem Körper leben?

45. Wofür war der Schmutz die Strafe?

Lösungen:

1. Was musste die zweite Tochter machen, weil sie Frau Holle besuchen wollte?

Sie musste sich ebenfalls an den Brunnenrand setzen und spinnen bis ihre Hände blutig waren.

2. Wohin musste sie sich setzen?

Sie musste sich an den Brunnenrand setzen.

3. Wie lange musste sie spinnen?

Sie musste spinnen bis ihre Hände blutig waren.

4. Was machte sie dann mit der Spindel, als ihre Hände blutig waren?

Sie ließ die Spindel in den Brunnen fallen.

5. Was machte sie selbst danach?

Sie sprang in den tiefen Brunnen.

6. Wo wachte sie auf?

Sie wachte auf der grünen Wiese auf.

7. Was machte sie gleich, als sie aufgewacht war?

Sie machte sich gleich auf die Suche nach dem Haus der alten Frau.

8. Was machte der Backofen wieder, als sie an ihm vorbeikam?

Das Brot schrie wieder laut.

9. Was schrie das Brot wieder laut?

„Hilfe! Hilfe! Hol mich aus dem Ofen! Ich bin schon lang fertig gebacken! Hilfe! Ich werde noch ganz schwarz!"

10. Was sollte die zweite Tochter mit dem Brot machen?

„Hol mich aus dem Ofen!", schrie das Brot.

11. Warum sollte das Mädchen das Brot aus dem Ofen holen?

„Ich bin schon lang fertig gebacken!", schrie das Brot.

12. Was wird das Brot, wenn das Mädchen es nicht aus dem Ofen holt?

„Ich werde noch ganz schwarz!", schrie das Brot.

13. Wie reagierte die zweite Tochter auf die Bitte des Brots? Reagierte sie wie ihre Schwester?

Nein, sie reagierte nicht wie ihre Schwester. „Ich mache mir wegen ein paar harten Broten meine Kleidung nicht schmutzig!", rief das Mädchen.

14. Was wollte es nicht wegen ein paar harten Broten machen?

Es wollte sich nicht die Kleidung wegen ein paar harten Broten schmutzig machen.

15. Was machte es deshalb, weil es sich die Kleidung nicht schmutzig machen wollte?

Es ging einfach weiter.

16. Wo kam das Mädchen wenig später vorbei?

Es kam wenig später am Apfelbaum vorbei.

17. Was war der Apfelbaum wieder?

Der Apfelbaum war wieder voll mit reifen Äpfeln.

18. Was riefen die Äpfel wieder?

„Schüttel den Baum! Schüttel den Baum! Wir sind schon viel zu lange hier oben und müssen endlich auf den Boden fallen.", riefen die Äpfel wieder.

19. Wie lange waren die Äpfel schon auf dem Baum?

„ Wir sind schon viel zu lange hier oben."

20. Was mussten die Äpfel deshalb tun?

„Wir müssen endlich auf den Boden fallen."

21. Wie reagierte die zweite Tochter? Schüttelte sie den Baum und sammelte alle Äpfel?

Nein. „Am Ende fällt mir noch ein Apfel auf den Kopf und ich verletze mich schwer.", rief die zweite Tochter.

22. Was könnte am Ende noch passieren? Wohin könnte ein Apfel fallen?

„Am Ende fällt mir noch ein Apfel auf den Kopf.", rief die zweite Tochter.

23. Was könnte mit dem Mädchen passieren, wenn ihr ein Apfel auf den Kopf fällt?

„Ich verletze mich schwer.", rief die zweite Tochter.

24. Was machte sie deshalb, um sich nicht zu verletzen?

Sie ging weiter.

25. Wohin kam sie bald?

Bald kam sie zum Haus von Frau Holle.

26. Was bat sie Frau Holle gleich?

Sie bat sie gleich, ihr Arbeit zu geben.

27. Wie war das Mädchen am ersten Tag?

Am ersten Tag war es sehr fleißig.

28. Was tat es, weil es sehr fleißig war?

Es tat alles, was Frau Holle ihm sagte.

29. Was tat es, wenn es keine Lust mehr hatte und nicht mehr arbeiten wollte? An was dachte es?

Wenn es keine Lust mehr hatte, dachte es an das viele Gold und arbeitete weiter.

30. Was verlor das Mädchen am zweiten Tag schon Stück für Stück?

Am zweiten Tag verlor es schon Stück für Stück die Lust zu arbeiten.

31. Was wurde es?

Es wurde immer fauler.

32. Was machte das Mädchen am dritten Tag nicht einmal mehr?

Und am dritten Tag stand es nicht mal mehr aus dem Bett auf.

33. War Frau Holle zufrieden mit seiner Arbeit?

Nein, Frau Holle war sehr unzufrieden mit seiner Arbeit.

34. Was machte die alte Frau deshalb bald?

Sie entließ das Mädchen bald.

35. Was wollte sie mit dem Mädchen machen?

Sie wollte es nach Hause schicken.

36. Wie reagierte das Mädchen? War es zufrieden?

Ja, das Mädchen war zufrieden.

37. Auf was freute es sich?

Es freute sich auf das viele Gold.

38. Auf welches Gold freute es sich? Wer würde ihm so viel Gold geben? Und wofür?

Es freute sich auf das viele Gold, dass ihm die alte Frau für seine Arbeit schenken würde.

39. Wohin stellte sich das Mädchen?

Es stellte sich unter das Tor.

40. Auf was wartete es?

Es wartete auf den Goldregen.

41. Aber was regnete es anstelle des Goldes?

Aber anstelle des Goldes regnete es Staub, Pech und Ruß.

42. Was machte der Schmutz mit dem faulen Mädchen?

Der Schmutz bedeckte das faule Mädchen von oben bis unten.

43. Was machte Frau Holle dann mit dem Mädchen?

Dann schickte Frau Holle es nach Hause.

44. Wie lange musste das Mädchen mit dem Schmutz auf seinem Körper leben?

Das Mädchen musste sein ganzes Leben mit dem Schmutz auf seinem Körper leben.

45. Wofür war der Schmutz die Strafe?

Das war die Strafe für seine Arroganz und Faulheit.

Made in the USA
Las Vegas, NV
13 June 2023